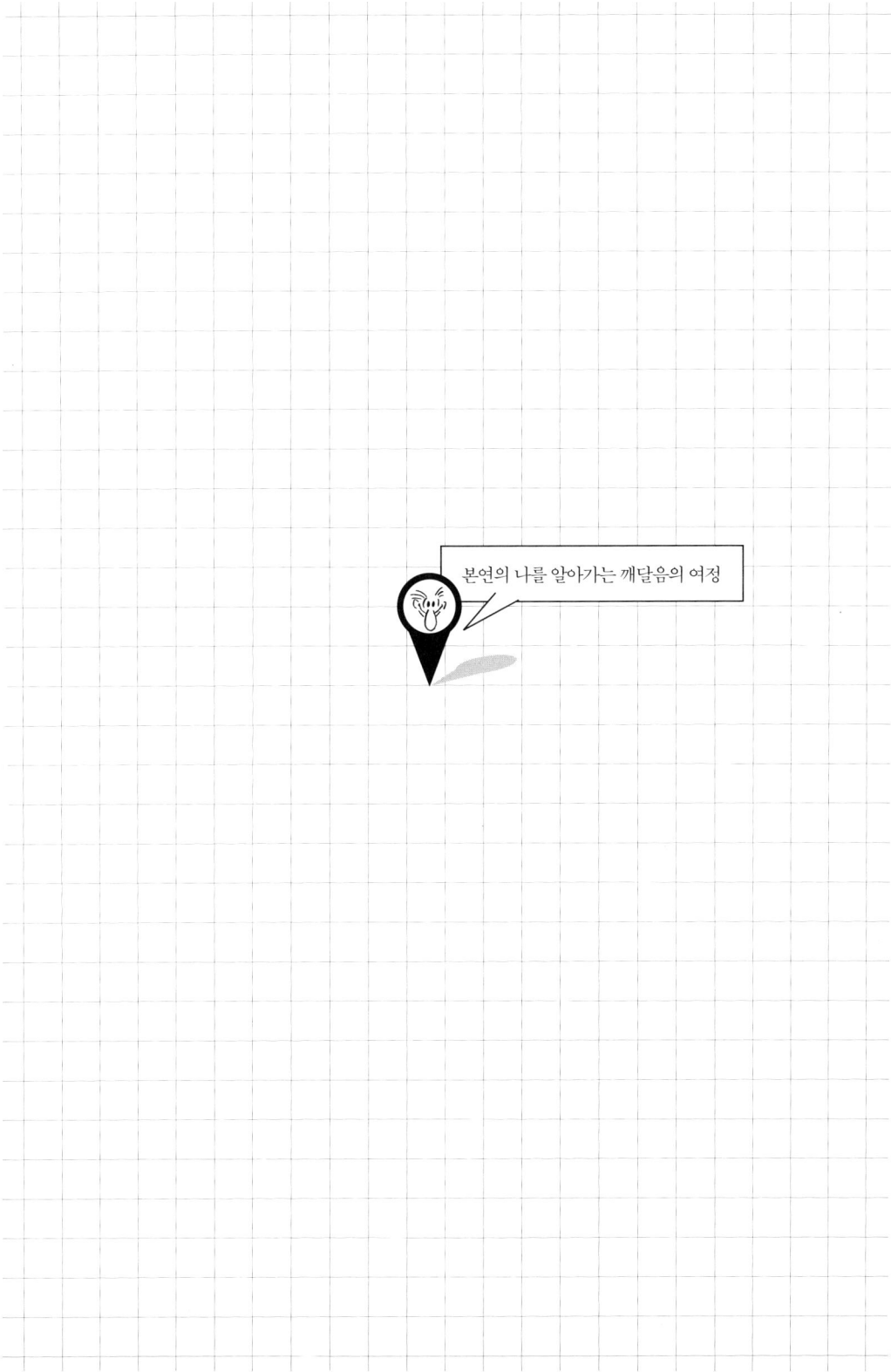

Published originally under the title:
Cessez d'être gentil, soyez vrai, édition illustrée

© 2014, Éditions de L'Homme, division of Groupe Sogides inc. (Montréal, Québec, Canada)
All rights reserved.

Korean Translation © 2018, Tree at 2 Publishing Co.
This Korean Edition is published by arrangement with Éditions de L'Homme, Canada through Milkwood Agency, Korea.

친절은 넣어둬,
마음은 다를 테니까

토마 당상부르
글

알렉시 누아이아
그림

이세진
옮김

두시의나무

> 함께 사는 또 다른 방식이 가능하다고 믿고,
> 그 방식도 축구, 수학, 외국어, 자동차 운전처럼
> **학습하면 배울 수 있다고 믿는**
> 연령을 초월한 모든 이에게!

머리말

이 책이 만들어지기까지

얼마 전 프랑스에 강연을 하러 갔다가 알렉시 누아이아를 처음 만났다. 그는 맨 앞줄에 앉아 내가 하는 말을 한 마디도 놓치지 않고 열심히 적는 듯 보였지만, 강연이 끝나고 나서 나에게 다가오더니 이렇게 말하는 게 아닌가. "보실래요? 선생님의 강연 내용을 그림으로 그려봤어요!" 나는 정확하면서도 인간적으로 유쾌한 그의 그림에 웃음을 터뜨렸다. 내친김에 내 생각과 글을 그림으로 옮겨보면 어떨까 하는 아이디어가 떠올랐다. 여러분도 나처럼 웃으면서 즐겨주면 좋겠다. 재미있게 배우면 더 잘 배울 수 있다!

알렉시는 재능 있는 화가이자 일러스트 작가이고 여행 마니아다. 나는 논지의 핵심을 그림으로 풀어내는 그의 표현방식이나 어조, 적확한 어휘를 좋아한다. 나의 책과 강연에서 영감을 끌어내고 창의적으로 이 협업에 임해준 알렉시에게 고마움을 전하고 싶다.

일러스트를 넣은 이 책은 나의 강연 내용을 정리한 것이다. 이 기회를 빌려 그동안 도움과 위로를 얻었다고 말해준 수많은 독자에게 감사하다는 말을 전하고 싶다. 그들이 더 많은 사람에게 나의 메시지를 전하라고 변함없이 격려해주었기에 나는 이 책을 출간할 생각도 할 수 있었다. 재미있는 이미지들로 이야기를 풀어나가는 책을 전형적인 단행본보다 더 좋아하는 또 다른 독자들을 만나기 위해서….

토마 당상부르
Thomas d'Ansembourg

차례

머리말
이 책이 만들어지기까지 6

시작하기 전에
나답게 산다는 것은… 10

1장
내 이야기부터 하자면 20

2장
빠지지 말아야 할 다섯 가지 함정 56

3장
온전한 소통을 위한 비폭력대화 102

○

결론
시간, 뿌리 깊은 의지, 함께 있어주기 134

○

덧붙여
욕구와 느낌을 표현하는 말들 144

시작하기 전에

나답게
산다는 것은…

. . . .

이런 생각이 들 때가 있다.

- 나도 이제 나를 이해할 수가 없어.
- 이제 그 사람을 이해하지 못하겠어.
- 이해받고 싶은데 어떻게 표현해야 할지 모르겠어.
- 인내심을 갖고 그 사람을 이해하고 싶지만 난 이제 한계에 다다랐어.
- 그냥 마음 편히 나답게 살고 싶어. 나를 짓누르지 않고, 남을 짓누르지도 않고. 짜증 내지도 않고, 다른 사람 짜증 나게 하지도 않았으면 좋겠어.

. . . .

가령, 사랑하는 사람과
다음과 같은 상황들을 경험한 적이 있는가?

난 달라지고 싶어.
가면을 벗어던지고
그녀를 대하고 싶다고.
그녀가 보고 싶어 하는 얼굴이 아니라
내 민낯 그대로 살고 싶어.

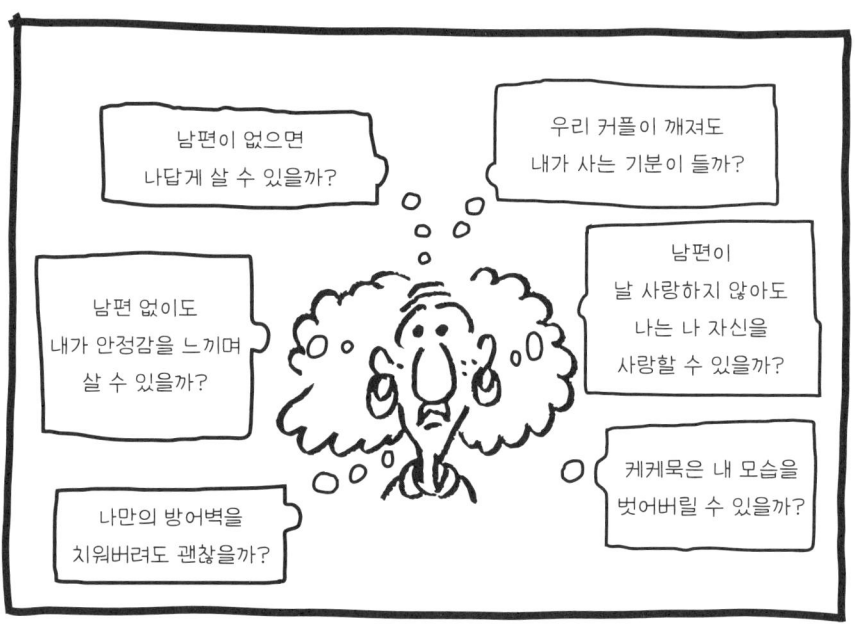

혹은, 가족들과 생활하면서 이런 상황들을 겪어보지 않았는가?

어쩌면 여러분은 직장에서 이런 상황들을 보았는지도 모른다.

정보공학이 발달하면서
소통의 속도는 빨라졌지만
소통의 질은 떨어졌어.
이메일 보내줄래?
미안, 시간이 없어.

사고 싶어? 돈 벌고 싶어?
누리고 싶어?
아니!
그냥 기브 앤 테이크를
원할 뿐이야.

그렇다면 이런 상황들은?

이런 경험들이 있다면 이 책이 도움이 될 것이다.

어쩌면 여러분은 아주 작은 격려만으로도 자기다운 모습으로 살 수 있을지 모른다. **그게 여러분 자신과 주위 사람들을 위한 일이다!**

1장

내 이야기부터 하자면

나는 우리가 남의 신경을 거스를 줄도 알아야 한다고 본다. 일단 나부터도 좀 그래야 한다! 본심대로만 행동하면 안 된다느니, 친절하고 싹싹하게 굴라느니 하는 말을 우리는 지금까지 너무 많이 듣지 않았던가?

이 책에서 문제 삼는 친절은 진심 어린 호의, 너그러운 마음 씀씀이가 아니라 겉치레에 불과한 친절이다. 허울뿐인 친절은 우리가 속에 없는 말을 하게 한다. 예를 들자면…

혹은,

나는 인생의 주기와 계절, 존재의 미궁을 헤쳐 나가는 수많은 이들과 20여 년을 함께해왔다. 그러한 경험에서 바로 이 물음이 우리를 하나로 모은다는 확신을 갖게 되었다.

나는 또 이 물음이 내면의 여정을 반영한다고 생각한다. 사람들은 대부분 무의식적으로라도 그런 여정을 거친다. 그 여정을 다음과 같이 요약해보겠다(여러분 자신도 해당하는지 한번 보라).

 **나는 이런 사람들과 진실하고, 깊이 있고, 풍요롭고, 유연한 관계를 맺고 싶다.**

- 나 자신(나를 이루는 모든 부분)
- 타자(타자를 이루는 모든 부분)
- 인생, 우주, 정신, 신(이 세 번째 대상은 여러분이 부르고 싶은 대로 불러도 좋다)

저와 함께 진실하고 깊이 있고 풍요롭고 유연한 관계를 맺어보실래요?

꿈에서라도 사양할게요!

우리는 이 세 가지 측면에서 우리 존재의 깊은 만족과 지속적이고도 전염성 있는 내면의 평화를 느끼고 싶어 한다.

우리가 정말로 이 세 측면에서 진실하고 깊이 있고 풍요롭고 유연한 관계를 추구한다면 왜 하루하루를 그렇게 살지 못하는지 생각해봐야 한다.

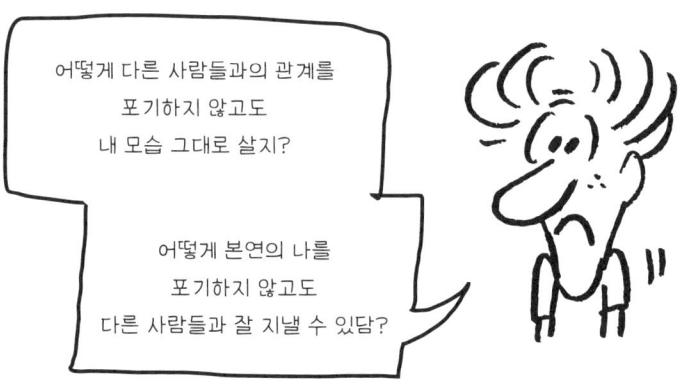

이 이중의 질문에 살아 숨 쉬는 답을 얻길 바라는가? 무엇보다, 그렇게 사는 법을 알고 싶은가?

이 시점에서 이런 생각이 들지도 모른다. '그런데 이런 물음에 답할 수 있노라 자신하는 당신은 누구인가?' 자, 내가 걸어온 길을 간략하게 고해보련다.

 **친절해지는 법을 배우다**

그렇다. 나도 이른바 훌륭한 교육을 받고 자란 사람이다. 나는 시골에서 태어나 애정 넘치는 집에서 자랐다. 부모님은 두 분 다 아주 너그럽고 호의 넘치는 분들이었다. 사랑받으며 자랐고, 선량한 가치관을 배웠다. 속이 부글부글 끓어도 화내지 않고 참는 법을 배웠고, 싫다고 생각하면서도 좋다고 말하는 법을 배웠으며, 애정보다는 의무감으로 일하는 법도 배웠고, 합리적인 선택을 하는 법도 배웠다.

어느 가정이나 그렇듯 우리 집에도 가끔은 싸움이나 불화가 있었다. 각자 문을 쾅 닫고 방에 틀어박혀 있거나 두 시간, 아니 며칠이 지나도록 서로 삐쳐서 말을 안 하기도 했다. 나는 그런 분위기에 유별나게 민감한 아이였고, 이런 의문이 들었다.

왜 우리 식구는
어떨 때는 서로 죽고 못 살고,
어떨 때는 서로 못 잡아먹어 안달할까?
그렇게나 서로 아껴주고 배려해주다가
왜 이따금 뻔한 습관과 자동적인 패턴에 빠져서
어김없이 으르렁댈까?

나중에 비폭력대화를 배우면서 그 뻔한 습관과 자동적인 패턴이 주로 어떤 것들인지 알게 되었다.

- 상처를 주는 판단
- 폐쇄적인 신념과 편견
- 매사를 대립적으로 보는 이원적 사고: '이것도 있고 저것도 있다'라기보다는 '이것 아니면 저것'
- 꽉 막힌 생각: '~해야만 해.' '~는 의무야.' '선택의 여지는 없어.'

이 부분에 대해서는 뒤에서 다시 살펴볼 것이다. 지금은 비폭력대화를 자신과의 관계, 타자와의 관계, 인생과의 관계에 대한 접근법으로만 알아두면 된다.

나는 비폭력대화의 창시자 마셜 로젠버그 박사에게 이 방법을 직접 배웠다. 비폭력대화 교육은 현재 전 세계에서, 유치원에서부터 최고의 고등교육기관에 이르기까지, 나아가 여러 단체 및 협회에서부터 기업 경영진, 병원, 항공회사 등에 이르기까지 사회의 다양한 영역에서 이루어지고 있다.

요컨대, 내 머릿속의 이미지는 얼추 이러했다.

갈등 해결을 돕는 변호사를 꿈꾸다

당시 나는 심리치료가 뭔지도 몰랐다. 심리치료는 심각한 정신적 문제가 있는 사람들이나 받는 거라고 생각했다.

나는 심리치료가 자기 자신을 알아가는 작업이라는 것을 몰랐다. 하지만 심리치료는 내면의 평화를 도모하고 자기답게 살고자 하는 열정의 가닥을 잡아준다. 이 열정이 우리의 가장 좋은 부분을 만인에게 도움 되는 방향으로 이끌어준다.

> 변호사가 되자.
> 그게 갈등으로
> 힘들어하는 사람들을 돕는
> 유일한 방법일 거야.

나는 머지않아 갈등의 근간에는 대개 오해가 있다는 것을, 그리고 오해는 표현의 실패와 경청의 실패가 맞물린 결과라는 것을 깨달았다.

갈등의 뿌리로 거슬러 올라가보면 거의 항상 자기 의사를 제대로 표현하지 못한 사람이 있다. 그런 사람은 자기가 좋아하는 것, 바라는 것, 더 기분 좋게 지내기 위해 필요한 것을 제대로 전달하지 못한다. 자기가 기대하는 바를 뚜렷한 제안으로 옮기고 협상을 도모해야 하는데 그러지 못하는 것이다. 그는 자기가 싫어하는 것, 원치 않는 것 위주로 발언을 한다. 게다가 자신의 판단, 비판, 질책, 심하게는 모욕이나 욕설까지도 끼워 넣는다.

게다가 상대는 이 사람의 기대, 바람, 제안에 제대로 귀를 기울이지 않는다. 그러니 그들이 함께 유쾌하고 기분 좋게 살아갈 리 만무하다. 상대의 주의는 오히려 판단, 비판, 질책, 모욕이나 욕설에 더 쏠린다! 그래서 상대는 달아나거나 똑같은 화법으로 맞받아친다!

표현 실패 + 경청 실패 = 오해

당시 나는 법률적인 해결방식을 열심히 공부했지만 사실 갈등 해소의 주요 관건은 이런 것들이다.

- 자기인식
- 감정 관리
- 인간관계의 '메커니즘' 이해하기

변호사 공부는 다양한 처지에 있는 사람들을 두루 만나게 해주었지만 나에게 이 세 영역 중 어느 하나도 가르쳐주지 않았다. 5년간 대학을 다니면서 다음과 같은 주제를 다루는 강의는 한 번도 들어보지 못했다.

- 자기인식
- 감정지능
- 인간관계의 조직 및 체계 분석

30여 년이 지난 지금도 우리네 교육체계는 공생에 꼭 필요한 이 세 영역을 무시하고 있다.

빠져나갈 구멍 없는 계약서 작성, 날카로운 법리 해석, 설득력 넘치는 변론을 **하는** 법은 배웠다.

나를 찾아온 이들의 절망, 무력감, 고독, 분노에 귀를 열고 그들의 곁에 **있어주는** 법은 배우지 못했다.

나는 차츰 내가 습득한 도구가 내가 정말로 하고 싶었던 일과 맞지 않음을 깨달았다.

① 사람들이 자신을 더 잘 알게끔 돕고 싶었다.
② 자기 뜻을 명쾌하고도 호의적으로 표현하게끔 돕고 싶었다.
③ 남의 이야기를 공감과 존중으로 경청하게끔 돕고 싶었다(끝까지 듣지도 않고 화내거나 무조건 자기가 옳다고 우기지 않도록).

나는 매우 예의 바르고 친절하지만 항상 우울하고 의욕 없는 변호사가 되었다. 그리고 따분함을 잊으려고 미친 듯이 일했다.

다르게 살고 싶었다. 하지만 어떻게?

# 청년 노숙자를 돕는 자원봉사를 하다

하루는 어떤 사람이 변호사 일을 그만두고 법원 집행관이 되어 청년 노숙자들을 담당한다는 얘기를 들었다. 그 얘기에 흥미를 느꼈다. 나는 그 사람과 친구가 되었고 그 후 10년간 틈나는 대로 그가 설립한 청년 노숙자 구호단체에서 자원봉사를 했다. 변호사 일은 나에게 단순한 밥벌이 수단으로 전락했다. 마침내 나는 내 삶의 진정한 의미를 찾기로 결심했다.

마약, 범죄, 성매매에 빠진 젊은이들을 관찰하면서 나는 중요한 깨달음을 얻었다.

자기가 슬프고 외롭다는 것을 모르면, 관심과 도움이 필요하다는 것을 모르면 남에게 화살을 돌리는 경향이 있다. "넌 이기주의자야! 넌 너밖에 모르지!" 하지만 이러한 태도는 상대의 관심이나 도움을 끌어내기에 적합지 않다. 상대는 그냥 달아나든가, 똑같은 화법으로 맞받아칠 것이다. "이기주의자는 너거든? 네가 나한테 어떻게 말했는지 몰라서 그래?"

자기 내면에서 일어나는 일을 **분별**하고 **표현**할 수만 있다면 매사가 훨씬 더 순조롭고 원활할 것이다.

"난 외로워서 이러는 거야. 도움이 좀 필요한 것 같아. 네가 날 도와주겠니?"

분별력이 부족하면 '압력솥' 함정에 빠지기 쉬워요.

압력솥 메커니즘

① '싫어'라고 생각하면서 "좋아"라고 대답한다. 불일치와 좌절을 느끼면서도 그 느낌을 이해하려 들지 않는다. 자신의 분노와 슬픔에 귀 기울이지도 않고 표현하지도 않는다. 타인의 시선, 비판, 거부가 두렵기 때문이다.

② 가족, 학교, 종교, 사회, 직업이 부과한 조건들로 나 자신을 꽁꽁 싸매고 산다. 그 조건들은 나에게 늘 '친절해야 한다', '도리에 맞게 행동해라', '남에게 폐 끼치지 마라', '자리를 차지하지 마라'라고 종용한다. 때로는 인간으로서의 나 자신을 존중하지 않거나 무시하면서까지 그렇게 하라고 한다. 사회 편입과 인정의 대가치고는 너무 비싸다.

그래, 표현해야 할 것을 표현 못 하고 억누르기만 하면 조만간 우울증으로 푹 가라앉고 말아!

③ 이 모든 감정의 압력솥을 불 위에 얹어 둔 채 방치한다(그래서 차차 부글부글 끓어오른다!).

④ 언제가 되든 한 번은 폭발한다. 그 계기는 대개 아주 사소한 것이다. 압력솥은 밖으로 터지든가(공격성) 안으로 터지고(우울증) 말 것이다!

밖으로 터졌어, 안으로 터졌어?

깨달은 바가 또 있었다. 나는 주로 분노나 무력감이나 고독을 말로 표현하지 못했을 때, 그러한 느낌이 인정 욕구, 자존감 욕구, 쓸모 있는 존재로서의 욕구를 나타낸다는 것을 깨닫지 못했을 때 죄의식에 빠지든가, 비판과 모욕을 퍼붓든가, 뭔가를 후려치거나, 술을 퍼마시거나, 한없는 우울감에 젖곤 했다!

그 깨달음이 나에게 확 꽂혔다!

나는 가톨릭 전통에 충실한 지방 중산층 집안에서 가족의 사랑을 받으며 자랐고 변호사라는 좋은 직업도 있었지만 노숙자 청년들에게 자기 내면을 이해하고 표현하는 법을 알려줄 수 없었다. 나 자신도 그 방법을 누구에게서도 듣지 못했으니까.

가령, 나는 연애가 내 뜻대로 풀리지 않으면 내 신경에 거슬리는 부분을 조목조목 상대에게 따질 줄만 알았지 내 마음이 어떤 과정을 거치는지는 살필 줄 몰랐다.

퇴근해서 집에 들어갔는데 여자 친구가 무슨 말을 하고 싶어 하면 싸움거리를 만들기 싫어서 그녀의 수다를 한 귀로 듣고 한 귀로 흘리거나, "거기까지야. 그만해" 유의 말을 내뱉곤 했다. 자크 살로메의 표현을 빌리자면, '관계를 죽이는 네 탓 타령'(남에게 책임을 전가하는 태도가 관계를 망친다는 의미다 — 옮긴이)을 나는 서슴없이 남발하곤 했다.

흠잡을 데 없는 가톨릭 부르주아 교육은 나에게 경청하고 **분별**하는 법을 가르쳐주지 않았다.

(나중에 자세히 살펴보겠지만) 비폭력대화의 4단계 과정을 따랐더라면 여자 친구에게도 훨씬 수월하고 명확하게, 무엇보다 훨씬 마음 편하게 의사 표현을 할 수 있었을 것이다.

① 내가 경험한 그대로의 상황(까다로운 사건을 처리하느라 힘든 하루를 보냈어.)

② 있는 그대로의 내 느낌(나 오늘은 정말 피곤해. 지금 당장은 인간관계를 챙길 마음의 여유가 없어.)

③ 내가 느낀 그대로의 욕구(잠시만 그냥 나를 위한 시간을 갖고 나를 추스르고 싶어. 샤워하고 음악이나 들으면서. 그다음에 얘기하면 좋겠어. 나에겐 당신과 함께 시간을 보내고 싶은 마음도 분명히 있거든.)

④ 내가 전달하고자 하는 요청(괜찮다면 우리 한 시간만 있다가 얘기하면 안 될까?)

자기 안에서 일어나는 일을 언어로 표현하는 이 간단한 요령이 없는 탓에, 함께 아늑하고 기분 좋은 저녁 시간을 보내고 싶었던 남녀는 결국 그날 저녁을 망치고 만다!

게다가 그 후의 주말, 심하게는 한 달을 내처 불쾌한 기분으로 말아먹을지 모른다.

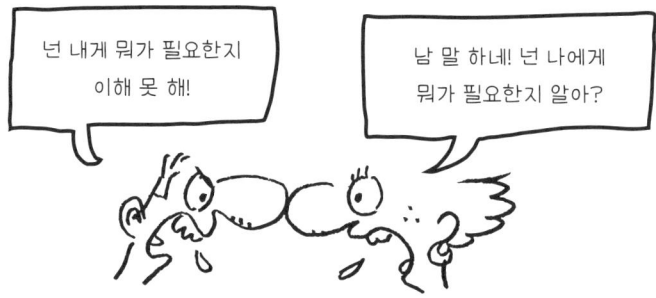

나는 또다시 깨달음을 얻었다!

- 거리에서 굴러먹는 망나니나 부잣집 아들이나 비참한 상황에 처해 있기는 마찬가지다. 우리는 다 같이 감정 문맹 상태에 있다. 자기 자신이나 타인의 느낌과 욕구를 이해하고 협상 가능한 부탁으로 표현해내는 능력이 없다는 얘기다!
- 우리의 느낌과 욕구를 무시하면 언젠가는 반드시 대가를 치른다. 우리 자신이 치르든가, 애꿎은 다른 사람이 치르든가.
- 자기인식은 절대로 자기밖에 모르는 내향적 태도가 아니다. 자기를 잘 알고자 하는 태도는 공동체에도 유익하다.

음, 나는 거리의 청년들에게 친절하게 다가가려다 실패한 경험이 적지 않다. 위로하고, 조언하고, 해결책을 찾아주려 노력했지만… 난 늘 뭔가를 **하려고만** 했다! 그저 그들 곁에 **있어주는** 법은 몰랐다. 일단, 그들에게 귀 기울이는 것부터가 잘 안 됐다.

그래서 다음 단계로 넘어가게 되었다.

심리치료를 받다

어느 순간, 나 자신에게 거짓말하는 삶이 지겨워졌다.

내가 친절한 태도를 집어치우기로 결심한 첫 번째 상대는 바로 **나 자신**이다! 나는 솔직해지기로 작정하고 이 사실을 인정했다. '난 내가 하는 일이 따분하고 재미없어. 그리고 연애만 하고 독신을 고수하다 보니 그때그때 기분대로 행동하는 편이야. 나는 참신한 생각을 많이 하지만 금세 다 부질없다는 기분에 빠져. 그러다 보니 내가 정말로 바꾸고 싶은 것을 바꾸지 못한 채 되는 대로 살아가.'

나는 정신없이 달려오기만 했고, 일 중독자처럼 살고 있었다. 이런 좀비 같은 남자랑 함께하고 싶은 여자가 어디 있겠는가.

게다가 나는 진지한 관계를 심하게 두려워했다…. 그래서 연애가 안정감 있게 지속될 것 같은 기미가 보이면 당장 정색하고 도망치곤 했다!

나는 정신없이 달려왔지만 한편으로는 내 인격의 모든 면을 온전히 써먹지 못하고 있다는 느낌도 들었다.

내 삶에서 벗어나고 싶진 않았지만 좀 더 진지하게 나 자신을 대하고 싶었다. 나라는 인물 너머, 진짜 나라는 사람을 만나고 싶었다.

그래서 나는 이런저런 의문을 품고 서른세 살에 심리치료를 받기 시작했다. 그냥 몇 달 경험해보면 그걸로 끝날 줄 알았다.

심리치료는 6년이 걸렸다(여러분도 그렇게 오래 걸릴 거라는 뜻은 아니다. 나는 가장 안쪽의 원목이 나올 때까지, 나라는 인간의 원자재를 발견할 때까지 겹겹이 덮인 것을 다 깎아내느라 오래 걸렸다).

나는 당장 첫 주부터 심리치료에 흥미를 느꼈다.

- 무의식을 밀어내고 의식의 장을 더 넓히는 작업을 했고,
- 나의 습관과 뒤엉켜 있어서 미처 깨닫지도 못했던 함정들에서 벗어나는 작업을 했고,
- 기계적으로 흘러가는 생활을 자연스러운 것이라고 착각했음을 깨달았다.

아빠! 엄마! 생존본능을 발휘해보세요!
모호한 무의식 상태에서
심리치료 작업을 해보세요!
별것 아니고 위험하지도 않아요!
두려움 따위는 털어버려요!

많은 이들이 그렇듯 나도 실상은 내 진짜 성격이 어떤지도 모르면서 "난 원래 이런 사람이야. 본성은 어쩔 수 없는 거잖아" 같은 말을 하고 다녔다. 나는 본성이나 교양이나 그게 그건 줄 알았다. 내가 배우고 익힌 것, 조건화와 프로그램화로 습득된 것마저 내 본성이라고 착각했다.

아빠, 엄마는
정신 사망의 위기에 놓여 있다고요!
'친절한 죽은 사람 nice dead person'이
되고 싶어요?
늘 예의 바르게 미소 짓지만
속은 두려움에 찌들어 죽어버리죠!

그렇게
경직된 삶을 살다가는
지루해서 죽고 말 거예요!

나는 '지옥 감금' 상태였다('감금', '폐쇄'라는 뜻의 불어 enferme-ment 첫머리에 '지옥enfer'이라는 단어가 포함된 것을 염두에 둔 저자 식 표현이다―옮긴이). 내 삶의 습관적인 방식에, 나의 자동적인 사고방식에, 나의 준거체계에 매몰되어 있었다.

그러니 때때로 사는 게 지옥 같다는 기분도 당연히 들었다. 아, 사르트르 선생님, 타자가 지옥이라니요, 무슨 말씀을. 지옥은 딱딱하게 굳어버린 저의 사고체계였답니다.

그렇다. 고정성은 인간의 산물이다. 고정관념, 규정 판단, 굳건하게 뿌리내린 사고체계, 불변의 기준들, 확고한 신념과 편견이 그렇지 않은가?

그러면서 인간은 자신이 생명에 역행한다는 사실에 경악한다!

일찍이 간디는 우리에게 경고했다.

나 자신에게로 나아가면서 그동안 내가 얼마나 나에게서 동떨어져 있었는지 실감했다. 나는 나 자신의 함정, 고정성, 무의식적인 애착을 두루 살펴보았다. 이 탐색은 편안하지만은 않았지만 나에게 유익했다.

나는 내 욕구를 무시함으로써 나 자신을 막 대했고 그 폭력성을 타인들에게까지 옮기는 경향이 있었다.

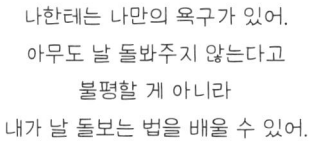

나한테는 나만의 욕구가 있어. 아무도 날 돌봐주지 않는다고 불평할 게 아니라 내가 날 돌보는 법을 배울 수 있어.

타인에게는 그 사람의 욕구가 있지. 그 욕구에 귀 기울이는 법도 배우면 돼.

하지만 내가 타인의 욕구를 책임질 의무는 없어!

예전에는 불평하고 반항하고 후회하느라 진을 뺐지만 이제 모든 기력을 나의 내면을 변화시키는 데 쏟아부었다. 나를 나 자신과 타인과 인생에 열어놓기 위하여.

나는 타인에게도 그 나름의 욕구가 있지만 내가 그 욕구를 충족시킬 역량과 여력이 있는 유일한 사람은 아니라는 사실도 깨달았다.

자율, 책임, 자유를 제대로 행사하는 법을 배우다 보니 자기 자신과 오랫동안 동떨어져 살아온 사람이 나 혼자만은 아닐 거라는 확신이 들었다. 그러자 다른 사람들에게도 이 경험을 가르쳐 주고 공유하고 싶었다. 그들도 **함정에서 벗어나** 유연하고 자연스러운 본성을 따라 살 수 있게끔 도와주고 싶었다.

 ## 심리치료사가 되다

여러 가지 요법을 공부했지만 그중에서도 비폭력대화는 엄정하면서도 깊이가 있다는 점에서 나에게 가장 와 닿았다. 비폭력대화는 내가 나의 욕구, 그 욕구 너머의 또 다른 욕구(우리의 욕구는 러시아 전통인형처럼 겹겹이 싸여 있다), 나아가 **내 생의 약동**까지 이해하게끔 이끌어주었다.

비폭력대화는 우리의 인간관계, 자신과 타인에 대한 이해, 갈등을 헤쳐 나가는 능력을 비약적으로 개선해준다. 뿐만 아니라 마음을 열고 의식을 고취하는 과정이다. 내 생각에, '비폭력대화'라는 명칭은 그 과정까지 암시해주지 못하는 것 같다.

나는 비폭력대화에 힘입어 내 인생의 근본적인 두 가지 변화를 단행했다.

① 진지한 관계에 질겁하는 독신남 생활을 청산하고 지금의 아내 발레리와 결혼했다. 자녀도 셋 낳았다. 솔직히 내가 가정을 꾸리고 나서 이렇게 행복해질 줄은 상상도 못 했다.
② 변호사 일을 그만두고 강연, 세미나, 연수 등을 진행하면서 자기인식을 가르치게 되었다.

사람들을 돕는 과정에서 나의 관심은 크게 두 축으로 나뉘었다.

① 약동: 이 사람은 무엇을 찾는가? 무엇을 지향하는가? 이 사람의 고유한 생의 약동, 그만의 보물은 무엇인가? 무엇이 그에게 영감을 주는가?

② 브레이크: 무엇이 그를 가로막고 발목 잡는가? 무엇이 그를 옭아매는가? 그는 무엇을 겁내고, 무엇 때문에 침묵하는가?

이 일에 뛰어든 지도 20여 년이 됐지만 여전히 나는 우리 안에 숨어 있는 변화의 역량이 경이롭기만 하다. 그 역량은 우리가 믿어줄 날만 기다린다. 애석하게도 사람들 대부분은 이 사실을 모른다. 하긴, 나도 몰랐다. 그들은 자기 자신과 동떨어진 채로 살아간다. 게다가 나는 우리 모두가 똑같은 함정에 빠져 있음을 깨닫고 적잖이 놀랐다.

그 함정을 알리기 위해 이 책을 소개한다.

2장

빠지지 말아야 할
다섯 가지 함정

어떤 함정? 자, 1장의 첫머리에서 언급했던 명제로 돌아가자. 우리는 모두 **진실하고 깊이 있고 풍요롭고 유연한 관계를 맺고 싶은** 듯 보인다. 우리는 이 같은 양질의 관계를 지향하고, 가끔은 절박하리만치 온 마음을 다해 그러한 관계를 소망한다. 하지만 실제로 그러한 관계에 도달하는 경우는 드물고, 어쩌다 도달한 관계도 우리 바람만큼 오래 지속되기는 어렵다. 우리는 이때 오래된 습관, 기계적인 사고와 행동, 반복되는 시나리오, 프로그램화의 **함정에 빠진** 것 같은 기분을 느낀다. 확실히, 우리의 좋은 의도만으로는 이런 함정을 물리치기에 역부족이다.

함정에서 벗어나기 위해서는 반드시 두 가지 원칙을 염두에 두어야 한다.

자기가 생각하고, 말하고, 타인에게 말을 걸고, 행동하는 방식이 자유를 행사하는 유일한 방식이라고 착각하는 사람들이 참 많다. 그들은 자신들이 습관적인 방식, 기계적인 사고라는 지옥에 갇혀 있다는 사실 자체를 모른다. 나 역시 나의 습관이라는 지옥을 깨닫고 난 후에야 비로소 거기서 탈출할 수 있었다. 그러한 사실을 확인하는 과정이 마냥 마음 편할 리 없다. 우리의 방식이 최선이 아니라고 인정하기란 대체로 내키지 않는 일이니까….

원칙 2

함정이 작동하는 역학을 이해하면 그 함정을 해체하는 요령을 익힐 수 있다. 그러자면 용기와 겸손이 필요하다. 둘 다 오늘날에는 다소 무시당하는 경향이 있는 내적 가치이긴 하지만….

나는 이 두 원칙에 입각해 우리가 가장 흔히 접하는 다섯 가지 함정을 함께 확인해보았으면 한다. 함정이 어떻게 촉발됐는지, 우리가 왜 함정에 빠졌는지 이해하려면 잠시 어린 시절의 우리 입장으로 돌아가야 한다. 여기서 부모들을 비난할 의도는 조금도 없다. 부모는 대개 더없이 좋은 뜻에서, 자기가 할 수 있는 표현방식으로 이런 메시지들을 전달한다. 우리는 단지 특정한 메커니즘이 어떻게 자리 잡는지 보려는 것이다.

여러분도 어릴 적에 분명히 이런 말을 들었을 것이다.

우리 귀에 들리는 말은 이렇지만 우리가 마음으로 포착하거나 코드화하는 메시지는 오히려 다음과 더 가깝다.

네가 방을 잘 정리해야만 널 사랑할 거야.

엄마가 골라준 옷을 입어야만 널 사랑할 거야.
네 옷을 고를 줄 아는 사람은 엄마란다.

내가 시키는 일을 해야만 널 사랑할 거야.

네가 학교생활을 잘 해야만 널 사랑할 거야.
불안한 엄마, 아빠를 안심시켜다오.

부모가 정말로 이런 식으로 말하지는 않는다. 다만, 대부분이 받아들이고 이해하는 메시지가 이렇다는 얘기다. 나는 이 같은 코드화의 현실에 관심이 갔다. 바로 이 현실이 우리가 더불어 사는 방식, 세상에 존재하는 방식을 조건 짓기 때문이다.

우리 엄마는 "공부를 잘하면 엄마가 고맙지"라고 말했지만 난 "네가 공부를 잘해야만 널 사랑할 거야"라고 받아들였어.

메시지들을 이렇게 이해함으로써 우리 마음속에는,

① 근본적인 **정서 불안**이 생긴다.

기대하는 대로
내가 행동하지 않아도
날 사랑할 거예요?

② 우리 삶을 좌지우지하는 **기본적인 신념**이 생긴다. 이 신념을 해체하지 않으면 평생 그 신념에 휘둘릴 수도 있다. '사랑받으려면 기대에 부응해야 해. 규범을 따라야 하고, 성과를 내고, 해명을 하고, 공헌을 하고, 노력을….'

앞에서 언급한 다섯 가지 함정이 바로 이 사고체계에서 나온다. 나는 이 함정을 **조건부 사랑의 조건화**라고 부른다.

엄마, 아빠는
남들이 원하는 모습이 아니라
내 모습 그대로 사랑받는 기분을
가르쳐주지 않았어요!

나는
조건부 사랑의 조건화라는
함정에 빠졌다고요!

'존재하기'보다 '행위하는 법'을 배웠다

여러분이 내심 여러분의 존재 자체가 아니라 여러분이 하는 일 때문에 사랑받는다고 믿는다면(이 믿음이 대개 무의식적이라서 문제지만),

뭐든지 잘해야 하고, 더 많은 일을 해야 하고, 결국은 지나칠 정도로 일을 해야 한다는 압박감에 쫓길 위험이 있다.

챗바퀴 속에서 미친 듯이 달리는 햄스터를 보라. 챗바퀴가 점점 더 빨리 돌면서 결국 햄스터는 바깥으로 튕겨 나가 우리 속에서 널브러질 것이다.

이것은 자기 자신에 대한 폭력이다. 자기 존재, 자신의 한계와 리듬을 존중하지 않는 처사다. 그리고 이 폭력성은 조만간 남들에게까지 미치고 말 것이다. 매사에 '예스'를 외치며 웃는 얼굴만 보이려고 애쓰다 보면 결국은 지쳐서 가시를 곤두세우게 된다. 최악이다!

존재보다 행위에 치중하는 습관은 자신과의 참된 관계는 물론 타인이나 인생과의 참된 관계도 방해한다.

① 자신과의 관계

코앞만 보고 점점 더 빨리 달리다 보면 길에서 벗어난 줄도 모르고 한참을 달리게 된다! 어떤 것들은 자기 자신과 시간을 보내보아야 비로소 확인할 수가 있다.

- 나는 늘 나의 우선순위에 충실하게 살고 있는가?
- 나는 내 생의 약동을 따라 사는가, 아니면 지나치게 남들의 기대에 부응하면서 사는가?
- 나는 비록 마음이 불편할지라도 때때로 나 자신을 전면적으로 문제 삼고 돌아볼 수 있는가?

② 타인과의 관계

'행위'의 함정은 경청하지 못하는 태도로 드러난다. 물론, 우리 딴에는 귀 기울여 듣는다고 생각한다. 우리는 친절한 사람들이니까. 조언도 하고, 해결책도 찾아주고, 남들의 문제를 붙잡고 씨름하기도 한다. 하지만 이러한 태도가 선의에서 우러난 것인데도 서툴고 부적절할 때가 얼마나 많은가. 사실, 우리는 우리가 경청할 줄 모른다는 사실 자체를 모른다!

경청이란 뭔가를 하려 들거나 딴생각하지 않고 곁에 있어주는 것, 상대가 스스로 문제를 헤쳐 나갈 저력이 충분히 있음을 믿어주는 것이다. 하지만 자신의 저력을 믿지 못하는 사람이 어떻게 남의 저력을 진심으로 믿어줄 수 있을까? 실제로, 남의 말을 경청하지 못하는 태도는 곧잘 자기 자신의 불안을 반영한다. 우리는 타인에게 우리가 착하고 유능하고 쓸모 있음을 증명하길 원한다. '이거 봐. 내가 얼마나 괜찮은 친구인지 보라고! 이렇게 피가 되고 살이 되는 조언을 해주잖아?'

③ 인생과의 관계

나 역시 늘 바빠 보인다는 말을 많이 들었다. 나는 일 하나를 마치기 무섭게 바로 다음 일로 넘어가곤 했다. 주위 사람들은 내가 참 열심히 산다고 생각했고 나 역시 내가 일을 잘하고 있다는 환상에 빠져 살 수 있었다.

부산스러운 것을 집중이라고 착각했지!

지금은 그런 식의 질주가 우리를 개인적으로나 집단적으로나 탈진시키고 지구 전체를 힘들게 한다는 것을 안다. 번 아웃, 우울증, 다양한 종류의 중독과 과소비가 도처에 만연해 있는 이유도 다르지 않다. 나는 이제 자기 자신과 평화롭게 지내는 사람은 그렇게 폭주하지 않는다는 것도 안다.

자기 자신을 잘 알고 존중하는 것이야말로 시민의 책임의식이 걸린 문제 아닐까? 그 심리치료 작업도 보험 적용이 되어야 한다고 본다!

자기 본성을 존중할 줄 모르는 사람이 어느 날 갑자기 자신을 둘러싼 자연을 존중할 수 있다고 보는가?

자존감을 나의 내면이 아니라 타인의 시선에 둔다

두 번째 함정

난 내가 자유로운 줄 알았는데 남들의 시선에 중독돼 있었어!

타인이 나를 흡족해하는 동안은 모든 게 괜찮다. 하지만 타인이 나를 못마땅하게 여기면 내가 너무 힘들다…. 자존감 결핍은 매우 흔하고 우리 생각보다 훨씬 널리 퍼져 있다. 자신만만해 보이는 사람들조차도 (아직) 자신의 중심과 내적인 힘을 발견하지 못한 경우가 많다. 이런 사람들은 타인의 시선에 쉽게 상처를 받는다.

적절하고 건강한 자존감을 지키지 못하는 문제는 매우 다양한 모양새로 나타난다. 제자리를 차지할 엄두를 못 낼 정도의 수줍음, 지나치게 비대한 자아 등….

> 우리 자신을 절도 있게 평가하지 않으면 남을 무절제하게 평가하느라 우리 인생을 흘려보내게 될 거야!

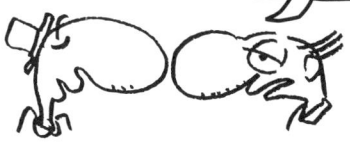

> 똑똑한 척하기는!

나 개인적으로, 심리치료를 시작하면서도 내가 약해빠진 자존감을 손봐야 할 거라고는 상상도 못 했다. 친구도 많았고, 사귀는 여자도 거의 늘 있었고, 잘나가는 변호사였고, 이런저런 활동을 열심히 했다. 나는 단지 속도를 조금 늦추고 좀 더 지속적인 관계에 내 마음을 열어야겠다는 생각을 했을 뿐이다. 그래서 다음과 같은 사실을 확인하고는 경악했다.

- 내 에너지의 50퍼센트는 남을 기쁘게 하는 데 쓰이고 있었다.
- 나머지 50퍼센트는 남의 기분을 상하지 않게 하는 데 쓰이고 있었다.

> 늘 나를 남들에게 맞추기에 급급했던 거야!
>
> 나만의 생의 약동, 나의 참다운 본성, 나의 영감과 창의성에 따라 살 에너지가 남아 있겠어?

에너지는 한 방울도 남아 있지 않았다!

나는 타인들의 기대에 지나치게 부응하고 있었다!

건실한 자존감이 없으면 지나치게 친절하고 말 잘 듣는 사람이 되든가, 어리석게도 공격적이고 반항적인 사람이 되든가 둘 중 하나다!

우리는 자존감을 치료하는 작업을 통해 친절하면서도 힘 있는 자기주장의 능력까지 기르게 된다.

- 자기와 의견이 맞지 않는 사람이라도 그 사람의 입장에서 하는 말을 귀 기울여 듣는다. 경청이 꼭 동의나 승낙을 의미하지는 않는다. 경청은 단지 이런 의미일 뿐이다. "나도 당신 입장을 이해하려고 노력해볼게. 당신도 내 입장을 이해하려고 노력하기를 바라." 이러한 태도는 용기와 겸손을 요구한다. 남의 말을 끝까지 귀 기울여 들으면 결국 자기 입장을 문제 삼을 수도 있기 때문이다. 어쩌면 바로 이 때문에 진심 어린 경청이 그렇게나 드문지도 모른다!
- 비판을 들어도 당황하지 않고 심지어 상대의 말에도 공감할 수 있다.
- 자기 관점이나 의견이 맞지 않는 부분은 상대의 호의를 잃을지 모른다는 두려움 없이 진솔하게 표현한다.

다행히 자존감은 배울 수 있는 겁니다! 정원을 가꾸듯, 근육을 키우듯!

이건 살아 있는 과정이에요!

세 번째 함정: '다름'을 두려워한다

다름을 좋은 의도에서 '상호보완을 하고, 서로를 풍요롭게 하고, 어쩌고저쩌고… 하는' 소중한 자산으로 받아들이려고 노력하더라도 더러 다름이 위협처럼 느껴질 때가 있게 마련이다. '타인이 나와 다르면 내가 변하고 내가 적응해야 할지도 몰라. 내가 생각하는 내 모습 대신 그 사람이 나에게 기대하는 모습이 되어야 할지도 몰라.'

자존감이 부족하니까 내면이 불안정하고 그게 인종주의, 근본주의, 동성애 혐오로 불거지는 거야. 난 글러 먹었어!

그렇지만 대개 불안정한 내면은 판단, 비판, 편견, 의심, 혹은 질투나 짜증으로 표출되곤 한다. 또한 내면이 불안정한 사람은 다른 사람들의 태도를 '자신에게 반대하는' 것으로 받아들이기 쉽다.

이 같은 경계심은 어디에서 올까? 이렇게 설명할 수 있을 것 같다. 우리는 대개 '다 같은' 것을 하고 부모, 학교, 습관, 전통에 동의하며 '똑같은 것을 재생산하게끔' 교육받았다.

나는 아빠에게도 예,
엄마에게도 예,
학교 선생님에게도 예라고 말했지.
나의 남다른 차이점들에게
예라고 말하는 건 잊었어!

우리의 다름을 확인하기란 두렵다. 그래서 확인하기를 피하든가 그 다름을 억압한다. 그러니까 다른 사람의 다름도 적극적으로 받아들이게 되지 않는다. 그저 타인이 나와 '동류'이거나 '나를 좋아해주는' 한에서만 그 사람을 참아줄 뿐이다. 우리는 주로 우리와 비슷하게 생각하고 비슷하게 말하고 우리와 비슷하게 옷을 입고 우리와 비슷한 신앙을 가진 사람들을 만난다. 그래야 안심이 되니까!

여러분만의 남다른 점을 떠올려보라. 어릴 적에 그 남다른 점이 사람들에게 어떻게 받아들여졌는지 돌아보라. 여러분만의 익살이나 장난기, 독창성, 살아가고 발견하고자 하는 욕망이 유치원이나 학교에서 어떻게 받아들여졌는가? 그런 점을 좋게 보고 격려해주는 사람들이 있었는가?

그보다는 아마 이런 얘기를 하거나 여러분을 이해시키려 했을 것이다.

짠! 여러분은 어쩌면 **다름은 위협적이다**라는 메시지를 코드화했는지도 모른다. 그래서 50년 후에는 이런 상황에 처할지도 모른다.

내가 본연의 내 모습을 보이면 거부당하고 밀려나고 배척당할 위험이 있다. 그래서 친절한 사람으로 받아들여지기 위해 **본연의 나를 쪼그라뜨리는** 법을 배운다.

그 후, 여러분은 성장하면서 교육, 가치관, 소통, 돈, 사랑, 섹스, 정치에 대한 생각을 다른 사람들과 공유하기 시작한다. 여러분의 생각이 부모님이나 선생님 같은 어른들의 생각과 다를 때 그들은 여러분의 그 차이를 존중해주었는가? 비록 여러분의 의견에 동의하지 않더라도 존중하는 태도를 보여주었는가?

세상이 많이 변하긴 했다. 하지만 아직도 많은 사람들이 어린 시절부터 다름을 존중하라고 가르치는 세속 철학이나 종교를 접하며 자랐는데도 다름을 실제로 반갑게 '피부로' 느끼지는 못한다! 그 이유는 다음과 같은 조건화 때문이다.

- 다름에 대한 경계심은 사람을 유순하고 말 잘 듣게 만든다.
- 다름의 매혹은 사람을 반항적으로 만든다.

재미있는 연습과제: 다름을 받아들이는 역량

다음번에 혹시 배우자, 자녀, 친구, 부모가 여러분이 크게 마음 쓰는 주제를 두고 여러분과 완전히 다른 생각을 피력하거든 여러분이 그 말을 차분하게 듣고 있을 수 있는지 시험해보라. 상대와 여러분이 여러 면에서 생각이 다르지만 바로 그 사실을 음미하면서, 여러분의 차이를 실감하면서 그 사람 말을 **끊지 않고 끝까지** 들어보라. 이 연습도 재미 붙일 만하다!

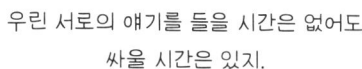

우린 서로의 얘기를 들을 시간은 없어도
싸울 시간은 있지.

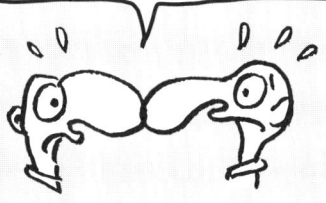

다음과 같은 사실을 의식하면서 상대의 말을 끝까지 들을 만큼 자존감, 내면의 안정, 개방적인 태도가 여러분에게 충분히 있는지 확인하라.

난 너와 생각이 달라.
하지만 나의 다른 생각이
경청되고 존중받기를 바라기 때문에
최소한 네 생각도
경청하고 존중해야 한다고 생각해.

여러분도 보면 알겠지만 이게 말처럼 쉽지가 않다. 여러분이 30초 이상 "좋아, 그런데…", "잠깐만", "아냐, 그건 아냐…" 같은 말로 대꾸하지 않고 상대의 말을 듣기만 한다면 칭찬받을 만하다. 브라보! 20여 년을 비폭력대화, 특히 경청을 가르쳐온 나조차도 가끔은 옳은 말 하는 입장에 서고 싶은 오랜 습관의 함정에 빠지곤 한다!

자기가 이겨야만 직성이 풀리는 습관 때문에 얼마나 많은 갈등이 일어나는지 모른다. 이 습관은 비극적인 결과들을 낳는다. 내가 마셜 로젠버그에게 비폭력대화를 배울 때 이런 말을 들었다. 그가 특히 좋아하는 영적 메시지에서 얻은 말이라고 했다.

이 말은 문자 그대로 나를 충격에 빠뜨렸다. 어떤 면에서 나는 늘 이기는 편에 서는 것으로 심리적 균형을 찾는 사람이었기 때문이다. 그런 성향이 변호사라는 직업에 도움이 되기도 했지만 개인적인 면에서는 끔찍한 재앙을 초래했다! 여러분도 한번 시험해보라. 불행해지고 싶어 안달이 나거든 늘 자기 말이 옳다고 바득바득 싸워라.

"나는 그렇게 생각하지 않아"라는 말과 "아니, 그건 아니지. 내 말이 옳아"라는 말은 완전히 다르다. 서로 의견이 다르다는 사태 자체에는 피차 동의할 수 있다. 적어도 공통점 하나는 깔고 가는 셈이다. 그리고 의견이 달라도 서로 좋아할 수 있다! 이 부분을 혼동하면 커플 관계, 가족 관계, 심지어 직장에서도 힘든 일이 많아진다.

이 말을 기억하라. 의견의 불일치와 애정이 식은 것은 엄연히 다르다!

두 번째 함정과 세 번째 함정을 살펴보면서 우리는 인생에서 만나는 크고 작은 갈등들을 헤쳐 나갈 때 꼭 필요한 두 요소를 확인했다. 바로 자존감, 그리고 다름을 받아들이는 자세다.

나는 장차 학교 교육도 이 두 요소에 역점을 두게 되리라 믿어 의심치 않는다. 조만간 이 두 요소는 **함께 사는 삶**의 근본으로 인정받을 것이다.

 **거절을 못 한다**

나는 때에 맞게, 정도에 맞게, 상대에 맞게 거절하는 법을 배울 필요가 있어.

때에 맞게, 정도에 맞게, 상대에 맞게 거절할 줄 몰라서 괴로운 이들이 참 많다. 거절하지 못하기 때문에 자기에게 폭력을 가하게 되고, 이 폭력의 여파가 결국은 타인에게까지 미치고 만다.

골치 아픈 상황에서 빨리 빠져나오고 싶어 너무 성급하게 '친절한 승낙'을 남발했다가 얼마 못 가 이를 갈며 후회한 적이 얼마나 많았는가! 압력솥이 안으로 터지든가 밖으로 터지든가, 어쨌든 터지기 일보 직전까지 갔던 적은 또 얼마나 많았나!

거절하는 법을 배우려면 먼저 자기 자신을 알고, 자기가 우선시하는 것들을 알고, 건실한 자존감과 타인에 대한 이해심을 키워야 한다.

타인에게로 가는 길은 나 자신에게로 가는 길을 경유해야만 갈 수 있지!

예를 들어보겠다. 친구 부부가 주말에 바비큐 파티를 연다고 당신도 오라고 했다. 얼떨결에 가겠다고 대답은 했는데 실은 별로 가고 싶지가 않다. 이번 주말은 집에서 꼼짝도 하지 않고 아이들하고 오붓하게 지내면서 좀 쉬고 싶다. 하지만 친구 부부는 친절한 사람들이고 당신도 친절로는 둘째가라면 서러운 사람이라서 벌써 가겠노라 말을 했다. 그러니 꼼짝없이 그 자리에 참석해야만 한다.

일주일 후, 그 친구네 집에서 또 저녁을 함께 먹자고 불렀다. 이번에도 갑자기 나온 말이라 거절할 핑계를 못 찾고 수락을 해 버렸다. 당신은 요즘 피곤하고 가족들끼리 느긋하게 보내는 시간이 절실한데도 말이다! 그래도 당신은 친절한 친구 부부에게 친절한 사람으로 남기 위해서 그 집에 간다. 그리고 삼 주 후, 또 그 집에 초대를 받았다. 당신은 결국 폭발해서 아내에게 구시렁댄다.

결국 당신 입에서 못된 소리가 나오고 말았다!

 **메커니즘을 파악하자.**

이 사례는 스스로 친절하게 굴다가 제풀에 지쳐 친구 부부를 비난하고 공격적인 태도를 취하게 된 경우다. 그런데 실은 그들이 선을 넘은 게 아니라 당신이 때맞게 선을 그어주지 않은 게 문제다. 그들이 당신을 귀찮게 한 게 아니다. 당신이 자기 숨통 트일 구석을 마련하고 지키지 못했던 거다.

자기 중심조차 잡지 못한 사람이 어떻게 자기 한계를 파악하고 때맞게 선을 정할 수 있겠는가. 중심을 못 잡은 사람은 공격적으로 변하기 쉽다. 그러므로 스스로 중심 잡는 법을 배우면 공익에도 도움이 된다.

자, 그렇다면 때에 맞게, 정도에 맞게, 상대에 맞게 거절하는 요령은 뭘까? 그 요령은 보기보다 간단하다. **겉치레를 집어치우고 그저 느낌과 욕구를 표현하면 된다.**

갑자기 전화로 초대를 받는다면 이제 **자기주장성**을 담아 진솔하게 대답할 수 있을 것이다. "초대해줘서 고마워. 나도 갈 수 있으면 좋겠어. 아직 확답하기는 좀 그래. 확인해보고 나서 다시 전화할게."

편집자의 말

이 책에서 자기주장 혹은 자기주장성assertivity(원문의 불어 식 표현은 assertivité이다—옮긴이)이라고 표현한 단어는 '상대를 공격하거나 자기를 포기하지 않으면서 관계 속에서 자기 자리를 차지할 수 있는 자존감과 자신감'으로 이해하면 되겠습니다.

이 대답은 솔직하다. 당신에게는 초대에 응하고 싶은 마음도 웬만큼 있고 그냥 집에서 푹 쉬고 싶은 마음도—아직 확인되지는 않았지만— 웬만큼 있기 때문이다. 당신이 자기 자신에게 귀를 기울이고 자기와의 시간을 가진다면 후자의 마음을 챙긴 것이다.

거절 혹은 수락을 하기 전에 확인해야 할 것은 당신의 일정표, '해야 할 일' 목록이 아니다. 오히려 일정이 아무것도 없기 때문에 아무것도 안 하고 가족들과 그냥 쉬고 싶은 거다! 당신은 **행위가 아니라 존재**라는 측면에서 확인을 해야 한다. 서로 다른 두 욕구 사이에서 마음이 어느 쪽으로 가는지, 우정과 가족 간의 친밀감 중에서 무엇이 더 절실한지 분별할 수 있어야 한다. **하나를 거절할 때 그로써 수락하게 되는 다른 하나는 무엇인지** 충분히 시간을 갖고 생각해보라.

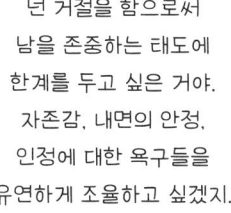
넌 거절을 함으로써 남을 존중하는 태도에 한계를 두고 싶은 거야. 자존감, 내면의 안정, 인정에 대한 욕구들을 유연하게 조율하고 싶겠지.

그럼, 우리 집 바비큐 파티에는 누가 오지?

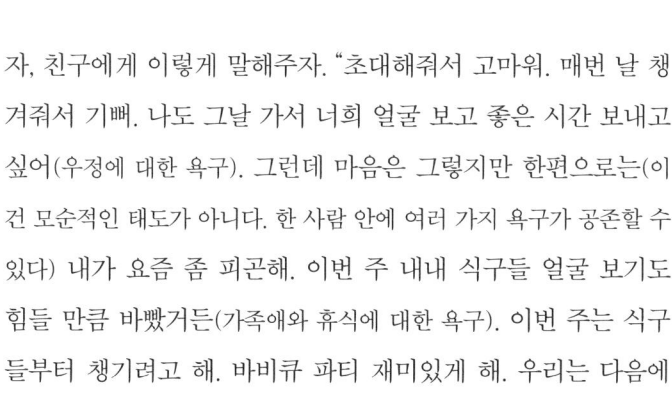

자, 친구에게 이렇게 말해주자. "초대해줘서 고마워. 매번 날 챙겨줘서 기뻐. 나도 그날 가서 너희 얼굴 보고 좋은 시간 보내고 싶어(우정에 대한 욕구). 그런데 마음은 그렇지만 한편으로는(이건 모순적인 태도가 아니다. 한 사람 안에 여러 가지 욕구가 공존할 수 있다) 내가 요즘 좀 피곤해. 이번 주 내내 식구들 얼굴 보기도 힘들 만큼 바빴거든(가족애와 휴식에 대한 욕구). 이번 주는 식구들부터 챙기려고 해. 바비큐 파티 재미있게 해. 우리는 다음에 보자."

이런 말을 하면서 죄책감을 느낄 필요는 전혀 없다!

당신의 **행위**를 보고 좋아해주는 친구를 원하는가, 당신의 **존재** 자체를 좋아해주는 친구를 원하는가? 행위에 초점을 맞추는 사람은 상대의 제안을 늘 수락해야 하고, 늘 그럴싸한 선물을 준비해야 하고, 늘 옷을 잘 차려입어야 하고, 늘 분위기를 띄워야 한다. 하지만 당신이 자기 중심이 잘 잡혀 있고, 자신을 이루는 여러 부분과 욕구를 의식하며, 그때그때 자기 욕구를 분명하게 파악하고 표현할 수 있다면 그걸로 족하다.

나 개인적으로는 친구들이 용기를 내어 솔직하게 말해주는 편이 더 좋다. 좋으면 좋다고 말하고, 싫으면 싫다고 말해줬으면 좋겠다.

늪에 구경 가는 건 좋지만
인간관계의 늪은 사절이야!

기억할 것! 비록 바비큐 파티를 거절한 모양새가 되었더라도 이 같은 대화의 정신 혹은 작동 방식으로 보자면 당신은 여전히 우정을 긍정하고, 친구를 보고 싶은 마음을 긍정하고, 이번만은 가족들과 시간을 보내고 싶은 바람을 긍정한 셈이다.

분별의 열쇠

① '한편으로는'이나 '~한 마음도 있으면서 또…' 같은 표현은 '하지만'과 다르다. '하지만'은 앞에 했던 말을 밀어내거나 뒤집어엎는다. "나도 그렇게 생각해. 하지만…"은 "나는 그렇게 생각하지 않아"라는 말과 다를 바 없다. "나도 그렇게 생각해. 그리고 한편으로는…"은 자기 안에 서로 다른 부분들이 있음을 분명히 알고 매사를 대립이나 알력 관계로 파악하는 케케묵은 습관의 함정에 빠지지 않았음을 보여준다. 즉, 이 같은 표현은 유연하고 융통성 있는 태도의 반영이다.

우리가 오늘날 길러야 할 지성은 바로 우리 존재의 다양한 부분들을 고루 접함으로써 그 부분들을 인식하고 분별하는 능력이다. 그러한 지성이 갖추어져야,

- 이 부분과 저 부분 사이에서 시달리거나 분열되지 않는다.
- 어느 한 부분에 매몰되지 않는다.
- 체면이나 명예를 지키느라 무의식적으로 꼭두각시처럼 살지 않는다.
- 한 부분에 조종당해 다른 부분들을 죄다 부정하지 않는다.

나는 한 덩어리로 이루어진 존재가 아니에요. 수많은 부분들이 상호작용하는 복잡한 체계라고요.

② '지금은'과 '이번에는'은 늘 그런 것도 아니고 늘 그렇지 않은 것도 아니라는 뜻이다. 이 표현이 암시하는 대로, 삶은 유동적이고 기회는 또 있을 것이며 경우에 따라서는 다른 선택들도 가능하다.

앞선 바비큐 파티의 예에서, 당신은 그 상황을 모면하려고 거짓 핑계를 댈 수도 있다. "아, 이번 주에 우리 여행 가." "장모님이 우리 집에 오시기로 되어 있어." 그렇지만 이 점을 명심하자.

나는 생태학의 뿌리도 그러한 분별력에 있다고 생각한다. 천체물리학자 위베르 리브스는 세상의 공해는 거대한 하나의 문제가 아니라고 했다.

세상의 혼란, 곳곳에서 벌어지는 아수라장 역시 70억 개의 작은 문제들이다. 개인의 의식 상태가 집단의 의식 상태에 기여한다. 나는 이 의식 상태를 **'시민의 내면성'**이라고 부르련다.

편집자의 말

'시민의 내면성'이라는 개념에 대해 더 깊이 알고 싶은 분은 저자의 다른 책《나에서 우리로》를 읽어보길 바랍니다.

게다가, 우리도 늘 거절을 면할 수는 없다. 우리는 거절을 우리에 대한 거부, 배척, 변심으로 오해하지 않고 그 자체로 받아들이는 법을 배우고 싶어 한다. 그러자면 일단 이 물음에 주목해야 한다. 상대는 우리에게 거절함으로써 다른 그 무엇을 수락한 셈인가? 상대의 입장을 헤아리는 이 공감 능력이 **수많은 긴장 관계를 피하게** 해준다.

예:

사춘기 자녀가 이렇게 말한다 치자. "할머니 댁에서 가족들이 다 같이 모여 식사를 한다고요? 싫어요. 전 안 갈래요."

아이는 이렇게 말하고 싶은 건지도 모른다. "저는요, 가족 식사도 친구들과 어울려 놀 때처럼 유쾌하고 즐거웠으면 좋겠네요."

교사가 이렇게 윽박지른다.
"입 다물어. 수업시간에 떠들지 마!"

교사는 이렇게 말하고 싶은 건지도 모른다.
"난 너희하고 수업에서 다루는 내용에 대해서만 얘기하고 싶다. 내 수업이 너희가 제일 좋아하는 텔레비전 프로그램처럼 흥미진진했으면 좋겠구나."

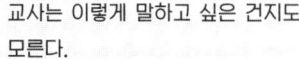

경찰이 당신을 불러세운다.
"이봐요, 여긴 안 돼요. 여기에 차 세우지 말아요."

경찰이 당신에게 전달하고 싶은 메시지는 사실 이런 것이다.
"차량 흐름을 원활히 함으로써 보행자 안전을 확보하는 게 제 일입니다. 그런데 당신 차가 지금 차량 통행에 방해가 되고 있습니다."

상대의 거절 너머에서 그 사람이 얻고자 하는 바를 주목하고 경청하는 것이야말로 **인간관계에 뚜렷한 변화를 일으키는 비결**이다.

커플들과 부모들은 잘 안다. 상당수의 '노'는 경청되지 못한 '예스'에서 나온다는 것을.

예:

46살 마티외는 몇 달간 심리치료를 받고 나서야 아내가 예전부터 뭐든지 싫다고만 하는 이유를 깨달았다. 마티외는 매사를 자기가 결정하고 준비하는 남편이다. 그는 너그러운 마음에서 좋은 뜻으로 그렇게 했다지만 아내에게 일말의 주도권도 주지 않았고 때로는 아내가 뭐가 제안을 해도 한 귀로 듣고 한 귀로 흘렸다. 아내의 거절 이면에는 이런 욕구가 숨어 있었을 것이다.

난 지금까지 나에게 아무런 결정권이 없어서 무조건 싫다고 했던 거야. 실은 이렇게 말하고 싶었어. "그래. 우리가 함께 했으면 좋겠어."

34살의 미셸은 허구한 날 8살짜리 아들을 붙잡고 씨름을 한다. 목욕해라, 양치질해라, 이제 잠자리에 들어라…. 아들은 무조건 싫다고 고집을 부린다. 하지만 미셸은 마침내 아이가 하고 싶은 말을 이해하게 되었다.

학교 갔다 와서 숙제를 다 할 때까지 거의 하루 종일 어른들이 정해놓은 리듬대로 움직였으니까 적어도 두세 가지는 내가 하고 싶을 때 하게 해주세요!

마르크는 동업자들과 함께 만든 작은 회사를 운영하다가 42살이 되던 해에 자기 지분을 모두 팔고 한 해 동안 안식년을 가지며 재충전을 했다. 그때 부친은 노발대발했다. "제정신으로 그런 결정을 한 거냐?" 10년 후, 부친은 마르크에게 이렇게 고백했다.

늘 하던 일에 매몰되지 않고 그렇게 다 버리고 떠날 수 있다는 데 감탄했단다. 나는 그 정도 기백이 없었지. 너에게 "그러면 안 돼!"라고 했지만 속으로는 '어디 한번 해봐!'라고 생각했어.

타인의 '노'는 대화의 끝이 아니다. 외려 친절한 태도와 역할을 뛰어넘은 진정한 만남의 시작이다.

가서 네 방 치워!

기계적인 복종을 원하세요, 자발적인 책임감을 원하세요?

알아두길 바란다. 우리들 각자가 자신과 세상의 관계를 바꾸는 힘은 우리 생각보다 훨씬 더 세다!

우리를 호시탐탐 노리는 병폐 중에서도 최악은 맹목적인 유순함, 거부를 용납 못 하는 태도, 그리고 경우에 따라서는 다음을 거부하지 못하는 경향이다.

- **마음**을 잠깐 달래주는 호사나 안락
- **정신**을 질식시키는 소비지상주의와 물질주의
- **생의 약동**을 옥죄는 안전제일주의
- **분별력**을 망치는 판에 박힌 생각과 바람

2차 세계대전 당시 레지스탕스였던 스테판 에셀은 우리에게 분노하라고, 세상을 바꾸라고 외쳤다. 시인 겸 농부 겸 철학자인 대지의 인간 피에르 라비도 시민이 들고일어나 인류를 구해야 한다고 말한다.

나 역시 인류가 죽기를 바라는 게 아니라면 우리가 **진정한 울림이 있는 삶에 예스를 외치는 법**을 배워야 한다고 생각한다.

 ## 내 느낌을 어떻게 해야 하는지 모른다

친절한 사람이 되라고 배운 이들이 자기 느낌을 확인하는 법까지 배운 경우는 매우 드물다. 느낌을 하나하나 떼어내어 자신의 욕구나 가치관과 연결해보는 이들도 드물다. 우리는 곧잘 감정에 휘둘려 산다. 감정은 조종사도 없이 우리를 붕 띄우고 때로는 아주 먼 곳까지 데려간다….

감정은 여러 느낌의 복합체라고 보면 된다. 가령, 기쁨이라는 감정은 안도감, 고마움, 경이감 등이 한데 뒤엉켜 이루어진 것이다. 마찬가지로, 괴로움이라는 감정에는 슬픔, 외로움, 무력감, 권태감 등이 얽히고설켜 있다.

기성세대는 우리가 모든 것을 이성과 지성의 이해력으로 파악하고 통제할 수 있다고 믿었다. 그래서 학교 교육 및 대학에서의 학문, **논리·수학적 지능**만을 중시했다(하지만 논리·수학적 지능은 우리가 지닌 8~10가지 지능 중 하나일 뿐이다). 그런 까닭에 우리는,

- 착하고 얌전하고 이성적으로 처신하기 위해서 자신의 느낌과 욕구를 자주 차단한다.
- 성장하면서 여러 분야에서 설명, 이해, 행동에 필요한 어휘력을 습득해왔건만 유독 정서적인 삶이나 내면생활에 대해서만큼은 사정을 이해하고 변화를 모색하기에 적합한 어휘력을 기르지 못했다.

자신의 감정을 잘 알지 못하면 개인적으로나 집단적으로나 적어도 두 가지 단점이 생긴다.

우리가 돌보지 못한 우리의 분노가 우리를 집어삼킨다.
우리가 외면한 애도의 감정은 끝내 우리에게서 떠나지 않는다.

자기 울분을 압력솥 안에 꾹꾹 눌러놓기만 하면서 어떻게 남의 분노를 이해할까? 자기 슬픔을 부정하거나 함부로 판단하면서 남의 슬픔을 받아들일 수 있을까? 스스로 기쁨을 누려본 적 없는 사람이 남들과 더불어 기쁨을 나눌 수는 있을까?

이 마지막 함정에서 벗어나 감정지능을 키울 수 있도록(감정과 욕구와 손잡고 춤추는 법을 배울 수 있도록) 마지막 장에서 비폭력 대화의 주요 개념들을 소개하겠다.

 다섯 가지 함정들을 살펴본 후의 결론

함정을 단숨에 박차고 나가지는 못한다. 그렇지만 수시로 우리 자신을 관찰한다면 우리의 기계적이고 자동적인 사고와 행동, 반복되는 시나리오를 확인할 수 있을 것이다! 예리하면서도 호의적인 자기관찰에서부터 변화의 힘이 솟아난다.

3장

온전한 소통을 위한 비폭력대화

이 장에서는 살짝 기술적인 내용을 다룰 거야. **다른 방식의 관계가 가능하다고** 정말로 믿는 사람들을 위한 내용이야.

물론 그들이 원한다면 말이지!

주위에 널리 만연해 있는 폭력은 미묘하고 일상적이며 대개 위장된 형태다. 가시 돋친 말이나 비난, 질책이나 아첨, 불평이나 공격적인 말, 친절을 위장한 심리조종, 빈정대는 말, 냉소, 침묵과 심술, 상스러움, 찌푸린 얼굴이나 쾅 소리를 내며 닫히는 문, 한숨, 조롱하거나 못마땅하게 노려보는 눈초리, 조급해하거나 거부하는 태도…. 이런 행동은 모두 타인에게 압력을 행사해 그가 자신의 바람보다는 우리의 바람대로 움직이게 하려는 의도에서 나온다.

우리는 이러한 행동들로 **지배―복종, 공격―체념의 알력 관계**를 맺는다. 세상을 갈가리 분열시키는 이 같은 관계도 실상은 인류의 오랜 습관일 뿐이다. 구타와 욕설만 폭력이라고 생각하면 오산이다.

비폭력대화의 창시자 마셜 로젠버그는 말한다.

폭력은 충족되지 못한 욕구가 비극적으로 표현된 것입니다.

비록 우리의 의도는 선할지라도 우리의 사고체계와 언어습관은 **보이지 않고 위장되어 있고 은밀한 폭력을** 낳는 메커니즘들로 가득 차 있다.

'비폭력대화'라는 명칭은 폭력이 우리도 모르는 사이에 우리에게 친숙한 태도나 표현에 그때그때 스며들 수 있음을 일깨워주지. 습관이 우리를 그렇게 포맷하고 조건화했기 때문에 그런 거야.

너 장난하냐?

우리는 비폭력대화를 습득하면서 미묘한 폭력의 싹을 잘라내고 다음과 같은 관계의 법칙에 친숙해지고자 노력한다.

- 자기주장, 달리 말하자면 공격성 없이 명확하고 단호하게 자기 입장을 표명하는 법
- 공감, 달리 말하자면 자기 입장을 포기하지 않되 남의 입장을 이해하는 법

우리는 우리 자신과 끊어질 때, 분열되고 흩어지고 매몰될 때 폭력적으로 변한다. 하지만 왜 그렇게 되는 걸까? 여러분도 나처럼 시각형 인간이라면 아래 그림을 보면서 자신과의 단절을 좀 더 쉽게 이해할 수 있을 것이다.

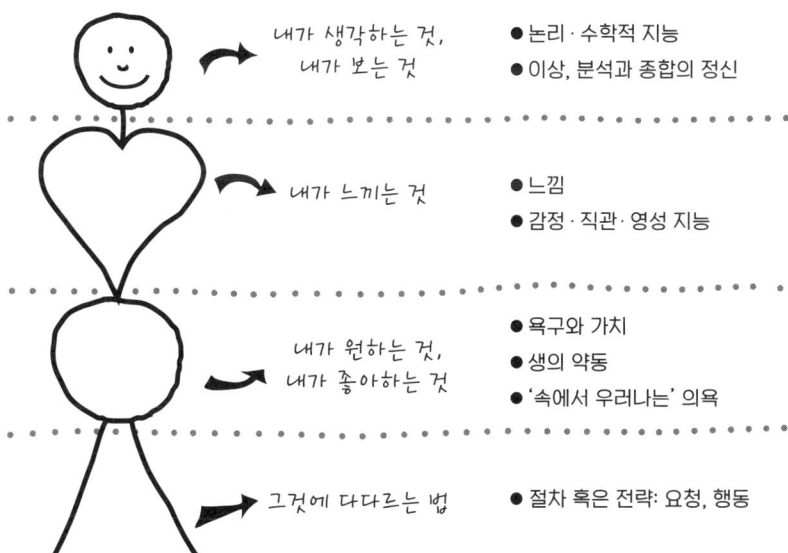

우리는 다음과 같이 중심을 잡고 하나로 통일되어 있다고 느끼기를 원한다.

자, 그렇다면 비폭력대화란 뭘까?

비폭력대화는 자신과의 진정한 만남, 타자와의 진정한 만남을 목표로 한다. 앞에서 보았듯이 우리가 느끼는 소통의 곤란, 존재의 어려움은 상당 부분 우리의 기본적인 욕구를 명확히 의식하지 못한 데에서 온다. 그러니 욕구가 현재에 충족될 수 있게끔 구체적이고 긍정적이며 실현 가능한 요청을 제기하는 일에도 어려움을 느낀다.

이러한 의식이 없기 때문에 우리는 자기 욕구를 표현할 줄도 모르면서 남이 그 욕구를 채워주기를 곧잘 기대한다. 그래서 충족되지 않은 자기 욕구를 남 탓으로 돌리고 판단, 비판, 질책을 가하곤 한다.

가령, 우리는 이런 식으로 말한다.

혹은,

이러한 패턴은 우리를 우리 자신에게서 단절시킨다. 남 탓이 먼저고, 우리 안에서 일어나는 일을 명확히 파악하려 들지는 않기 때문이다. 게다가 이러한 패턴은 우리를 타인들과도 단절시킨다. 타인들은 우리의 판단에 방어기제로써 반응하고, 결국 그들이 우리의 욕구에 귀 기울이기는 더욱더 어려워진다. 이러다 보니 우리는 남들의 욕구도 이해하려 들지 않는다. **우리는 분열과 분리를 조장하는 소통방식을 습관적으로 사용한다.**

비폭력대화는 자신의 느낌과 욕구를 책임짐으로써 의식을 분명히 고취할 것을 촉구하는 과정이다. 욕구를 표현함으로써 우리는 존재의 심층까지 내려가 우리를 하나로 묶어주는 공통의 영역, 일종의 최소공약수를 발견하게 된다.

비폭력대화는 우리의 습관과 뿌리부터 차별화하는 소통방식이다. 출신, 교육, 직업, 사회적 환경을 막론하고 누구에게나,

타인이 비록 불평, 비난, 까다로운 요구로 일관할지라도 그의 욕구를 헤아릴 수 있도록 도와준다.

욕구를 불평, 비난, 까다로운 요구가 아니라 명확하면서도 협상 가능한 요청으로 표현하는 법을 알려준다.

자기 입장을 무효화하지 않으면서 타인의 입장도 인정하는 능력을 길러준다.

함부로 판단하거나 비판하지 않으면서 수락 혹은 반대 의사를 표명하게 해준다.

다른 사람의 반대의견을 나에 대한 거부나 공격으로 느끼지 않게끔 도와준다 (상대가 '노'라고 말하면서 다른 무엇을 '예스'로 받아들이는지 이해할 수 있다).

상대를 공격하거나 비난하거나 깎아내리지 않으면서 상대와 다른 의견을 제기하게끔 이끌어준다(그 제안에 '노'라고 말함으로써 자신이 무엇을 '예스'로 받아들이는지 의식한다).

뭔가를 해야만 한다든가 선택의 여지가 없다는 생각 대신 자신의 선택이라는 생각으로 책임감 있게 행동하고 선택의 결과를 늘 편안하게 받아들이도록 도와준다.

피차 얻는 게 있는 해결방안을 함께 모색하고 그 과정을 즐기게 해준다.

비폭력대화의 과정

몰이해의 소용돌이에 말려들거나 매몰되지 않으려면 **자기 중심을 다시 잡는 법**부터 배워야 한다. 그러기 위해 모든 의사소통의 네 가지 단계에 주목해보자. 이는 비폭력대화 과정의 구조를 이루기도 한다.

알아두세요!
지금부터 다루는 내용은
마법의 주문이 아닙니다.
수리수리 마하수리 주문을 읊는다고
문제가 해결되진 않아요!
이전과는 다른 분별의 자세가 몸에 익도록
매일매일 시간을 들여야 합니다.

그래서 나는 비폭력대화가 끈질긴 자기성찰의 작업이라고 말한다. 자신의 습관을 관찰하고, 자동적으로 튀어나오는 자신의 행동과 표현을 문제시하고, 자신의 우선순위를 진지하게 묻고, 자신을 전면적으로 재고하며, 자신에게 의미 있는 것을 찾고, 놓아버려야 할 것에는 이별을 고해야 한다!

나는 이렇게 시작할 것을 추천한다.

하루에 세 번,
3분씩만 할애해 자기 자신을 살피세요.
농담이 아니라 이러한 실천이
더 나은 자기인식을 추구하는 과정의
첫걸음이랍니다.

**명심하라!
비폭력대화는 요령이 아니라
과정이다.**

이제 비폭력대화의 네 가지 단계를 좀 더 가까이 들여다보자.

관찰하되 판단하지 않기

현실을 있는 그대로 보지 않고 우리가 두려워하는 모습으로 보기 때문에 발생하는 긴장과 갈등과 폭력이 너무나 많다. 우리는 어김없이 우리의 감정, 신념, 편견이라는 필터를 통해서 사실을 바라본다. 이 때문에 주관적인 것과 객관적인 것, 현실과 해석, 사실과 판단을 따로 떼어놓고 볼 줄 알아야 한다.

기억하라. **진짜 사실과 사실이 내게 미치는 효과는 별개다.** 그 둘을 싸잡아 혼동하지 말자!

간단한 연습을 제안한다. 기분이 나빴던 상황을 떠올려보라. 너무 깊이 생각하지 말고 그 상황을 떠오르는 대로 묘사하라. 그 상황이 나에게 불러일으키는 느낌들을 확인하라. 이제 판단이나 해석을 배제하고 그 상황을 최대한 객관적으로 기술해본다. 이번에는 어떤 느낌이 드는지 짚어보자. 객관적인 재구성은 대개 마음을 열어주고 진정시키는 효과가 있다.

울적하고 힘이 빠지는구나.
식구들이 도와줘야
엄마가 집을 잘 건사할 수 있단다.
그런 뜻에서,
네 방 좀 치워줄 수 있겠니?

좋아요! 굉장한 변화네요!

단계 2 느끼되 해석하지 않기

자기 느낌은 솔직하게 말하지 않으면서 남의 허물을 들추거나 상황을 탓하는 데에는 심히 익숙하기 때문에 문제가 불거지곤 한다. 우리는 자기 느낌의 진실을 회피하기에 급급하다.

우리는 느낌을 분별하고 직시하는 법을 배워야 한다. 그 느낌이 비록 불편하기 그지없을지라도(분노, 반항, 무력감, 실의 등).

느낌은 우리의 욕구에 대해서 알려주는 깜빡이야. **계기판 위의 표시등처럼.** 우리 내면의 기능들이 충족되고 있는지 그렇지 않은지 알려주는 역할을 한다고.

깜빡이 들어온다! 깜빡깜빡!

어떤 느낌은 기분 좋지만 어떤 느낌은 불쾌하다. 기분 좋은 느낌은 욕구가 충족되었다는 표시다.

내가 기분 좋고 즐겁고 안심이 되는 이유는 애정, 공유, 인정에 대한 욕구가 잘 채워졌기 때문이야.

불쾌한 느낌은 충족되지 못한 욕구에 해당한다.

이를테면
이해, 존중, 안정, 신뢰, 내려놓음에 대한
욕구가 충족되지 않았을 때
나는 울적하고 기운이 없거나 화가 나.
외로움이나 무력감을 느끼기도 해.

따라서 느낌은 매우 요긴한 조종수단이다. 자동차 연료표시등이 들어왔는데 운전자가 이 신호를 무시하면 어떻게 되겠는가? 깜빡거리는 표시등이 기분 나쁘다고 해서 표시 기능 자체를 부정적으로 볼 수 있나? 마찬가지로, 느낌은 우리에게 부족함을 알려주고 제때제때 필요한 조치를 취할 수 있게 해주는 요긴하고 쓸모 있는 기능이다.

편집자의 말

이 책 뒤에는 여러분의 어휘력을 풍부하게 해줄
목록들이 준비되어 있습니다.

- 욕구 목록
- 욕구가 충족될 때의 느낌 목록
- 욕구가 충족되지 않을 때의 느낌 목록
- 해석과 판단이 포함된 느낌 목록

단계 3
기본적인 욕구를 생각, 바람, 욕망과 구분하기

우리 교육은 자신의 욕구를 들여다보는 태도를 자기중심적이고 이기적인 것인 양 폄하한다. 그렇지만 모든 인간은 의식적으로든 그렇지 않든 끊임없이 자신의 기본 욕구를 채우고자 노력한다. 이미 실험으로도 증명된바, 자기 욕구를 의식하는 사람은 자기 안에 매몰되지 않고 외려 남들의 욕구도 더 잘 헤아린다.

나 자신에게도 귀 기울인 적이 없는데
어떻게 남에게 귀를 기울여?
내 안의 이 인간도 이해 못 하는 내가
어떻게 내 앞의 저 사람을 이해한다는 거야?
나를 내 모습 그대로 존중하는 법도 배우지 못했는데
남을 있는 그대로 존중하라고?

당신,
뭔 소리 하는 거야?

그렇다. **우리의 기본적인 욕구는 우리의 기본적인 가치관과 일치한다.** 자기 자신을 관찰하면서 시험해보라. 생리적인 기본 욕구(음식, 물, 거주, 수면 등)를 제외하고 보면 경청, 공유, 상호이해, 상부상조, 사랑, 인정, 소속감, 표현, 존재 의의, 책임 등에 대한 욕구가 있을 것이다. 이런 욕구들이야말로 '함께 사는 삶'의 가치들 그 자체가 아닌가?

우리는 욕구와 바람을 자주 혼동하고, 욕망을 비폭력대화에서 말하는 전략과 자주 혼동한다. 전략은 욕구를 채우기 위한 구체적인 행동이나 절차다. 우리는 **진정한 욕구**를 알아보는 법을 배우면서 한층 더 자유롭고 책임감 있는 존재가 된다.

다음의 예는 진정한 욕구를 알 때 어떤 유익이 있는지 잘 보여준다. 어떤 욕구는 더 깊이 파고들면 한층 더 내밀한 욕구의 전략으로 밝혀지기도 한다.

우리의 욕구는
러시아 전통인형처럼
겹겹이 싸여 있지.
가장 안쪽에는
자신만의 생의 약동이 숨어 있어.

허구한 날 아들에게 방 좀 치우라고 잔소리하는 어머니의 예를 보자.

나는 이 어머니와 대화를 나누면서 어떤 욕구를 그것보다 더 내밀한 욕구(생의 약동에 더 근접한 욕구)의 전략으로 보라고 권했다. 그녀는 정리정돈이 잘 되어 있을 때 조화에 대한 욕구가 충족된다고 이해했다. 조화가 이루어진 상태는 평화에 대한 욕구를 채워준다(그러니까 이 어머니는 마음 깊이 평화를 원하지만 결과적으로는 실랑이만 얻어낸 셈이다!).

자신의 진정한 욕구를 파악하는 훈련 덕분에 이 어머니는 자신이 평화로운 상태에서만 정말로 살아 있는 느낌이 든다는 것을 깨달았다! 그 순간, 그녀는 웃음을 터뜨렸다. 그녀의 참된 욕구는 질서 수호가 아니라 살아 있음을 느끼는 것이었다. 그녀는 자기 아이들과 집 안 전체에서 느껴지는 생동감을 좋아했다.

그녀는 마흔 살이 넘어서야 알 수 있었다. 자기가 깨닫지 못했다면 평생 자기 어머니의 목소리에 조종당하며 덜 중요한 것을 더 중요한 것으로 착각하며 살았을지도 모른다. 그녀는 어릴 때 귀에 못이 박이도록 이런 말을 들었다.

넌 정리와는 담쌓았구나! 나중에 살림은 어떻게 하려고!

어머니의 꾸지람이 두려웠던 그녀는 여전히 기대에 부응하는 착한 딸 노릇을 하느라 자기 인생과 아이들의 인생을 쓸데없이 힘들게 했던 것이다. 진정한 욕구를 분별하는 작업은 그녀가 사고방식에 **감금된** 상태를 청산하고 자기답게 살면서 가족들과 화목하게 지내도록 이끌어주었다.

자기인식이 공익에 이바지한다! 이 한 예만 보더라도 자기 자신을 잘 알고자 하는 작업의 **관계생태학적** 측면과 그 공적인 여파를 짐작할 수 있다. 이건 공공보건 차원의 문제다! 상상해보라. 모든 국민이 유치원에서부터 자기에게 귀 기울이고 자기를 잘 파악하는 연습을 한다면, 그로써 올바른 자기인식과 자존감을 길러 자신의 감정과 좌절을 잘 관리할 수 있게 된다면, 나아가 타인의 말을 경청하고 공감할 수 있다면… 자기인식이야말로 **강력한 사회 변화의 도구**가 아닐까?

요청하거나 행동하기

자신은 아무것도 구체적으로 계획하거나 시도하지 않으면서 자신의 충족되지 못한 욕구를 남이 채워주길 바란다. 수많은 고통이 이 헛된 희망에서 태어난다.

집안일 한 번 도와준 적 있냐? 넌 이기적인 마초야!

우리는 요청을 하든가 변화를 도모하는 행동을 하는 대신에 불평하고 비난하고 한숨 쉰다. 전략(요청이나 행동)을 가동시켜야만 **체념 혹은 관망의 함정**에서 벗어날 수 있다. 어떤 사람들은 철저하게 이 함정에 스스로 발을 담그고 **피해자 입장**을 취한다. 실제로 과오나 공격에 피해를 입은 사람들까지 싸잡아 헐뜯으려는 의도는 조금도 없다. 자신은 아무것도 책임지지 않고 변화를 불러올 만한 행동도 하지 않으면서 불평만 하는 사람들 이야기다.

피해자 행세 해봤자
내가 행복해지는 것도 아니고,
가까운 사람들이 행복해지는 것도 아니고,
세상에 도움 될 일도 없어.
이 정도면 변화를 도모하는 법을
배울 이유는 충분하지 않아?

자기를 책임지고 자기에게 필요한 도움을 요청할 때(도움을 요청하는 법을 아는 것도 자율성이다) 우리는 더 자율적이고 행복한 존재가 된다.

타자가 우리 요청을 들어줄 수 있게끔, 구체적이고 적극적이며 현실성 있고 타협 가능한 요청을 하는 데 공을 들여야 한다.

다음과 같은 요청은,

적극적이지도 않고 타협 가능하지도 않다. 이럴 땐 이렇게 말하는 편이 낫다.

첫 번째 요청보다는 두 번째 요청이 받아들여질 확률이 **더 높다**(그러나 **항상** 받아들여지는 건 아니다). 그 이유는 단순하게도 두 번째 요청이 어떤 행위를 격려하는 동시에 타인에게 자유의 여지를 주기 때문이다. 그리고 설령 상대가 동의해주지 않더라도 우리에게는 공감 능력을 키울 또 하나의 기회가 될 것이다!

공감이란 **타인과 똑같이 느끼지는 않을지언정 그의 느낌을 이해는 할 수 있는 능력**이다. 공감은 비폭력대화의 또 다른 핵심 개념이다. 우리는 '적절한 자리에서' 타인을 경청하는 법을 배울 수 있다.

이제 비폭력대화의 네 단계를 어느 정도 따라잡았으니 이 단계들이 구체적으로 어떻게 적용되는지 함께 보도록 하자.

잔의 사연

비폭력대화 교육 프로그램을 가르치면서 첫 번째 단계, 즉 관찰하되 판단하지 않는 연습을 진행했다. 나는 수강생들에게 각자 겪었던 불편한 상황을 판단하지 말고 기술해보라고 했다. 잔이라는 여성이 자신의 개인적인 상황을 예로 들었다.

우리 딸은 열네 살인데 매사에 부정적이에요.

수강생들이 웃음을 터뜨렸다. 잔은 영문을 몰랐다. 다른 여성이 설명을 해주었다. "판단하지 말고 상황을 있는 그대로 기술하라고 했잖아요. 그런데 본인의 해석, 따님에 대한 판단이 다 들어가 있는 것 같은데요?" 잔이 반박했다. "아뇨, 난 있는 그대로 말한 거예요! 우리 딸은 부정적이라니까요!"

잔이 자신의 발언에 판단이 실제로 개입해 있다는 사실을 깨닫기까지는 다소 시간이 걸렸다. 나는 그러한 판단이 나오게 된 객관적인 사실들을 나열해보라고 제안했다. 잔은 고심 끝에 이렇게 말했다. "두 달 전부터 애가 집에 들어오면서 '학교 완전 짱나! 지겨워 죽겠어! 멍청이들만 우글거려!' 소리를 하루도 안 빼고 했어요." 나는 잔에게 그녀 자신에 대해서, 자신의 '느낌'과 '욕구'를 말해보라고 했다. 그러고 나서 전략을 '요청'이나 '행동'의 형태로 생각해보라고 했다.

일주일 후, 잔은 눈을 반짝이면서 이렇게 말했다.

"내가 처한 상황에서 연습을 해봤어요! 아이가 학교에서 돌아와 평소처럼 이렇게 말했는데…"

학교 때문에 돌겠어!
이번엔 수학 선생이 지랄이야!
다들 짱나게 굴고 난리야!

"아이를 평소처럼 방으로 들여보내는 대신 그 애를 이해하고 싶은 내 욕구에 집중했어요. 학교에서 무슨 일이 있었기에 그렇게까지 화가 났는지 물어봤어요. 자기가 수업시간에 질문을 하면 반 아이들의 놀림거리가 된대요. 그러면서 학교 수업을 따라가기가 힘들다고, 아무도 자기를 이해해주지 않아서 학교생활이 외롭다고 털어놓더군요. 게다가 수학 선생이 우리 애가 질문을 했는데도 그냥 무시하고 수업을 진행했대요. 딸아이가 삼십 분 정도 속에 있는 얘기를 꺼내놓고 나니 마음이 좀 가벼워졌는지 자기가 먼저 이렇게 말하더군요."

> 엄마, 고마워.
> 나 이제 숙제해야 하니까
> 방에 올라갈게!

> "그게 다가 아니에요. 저녁 7시쯤 되어서 그 애가 주방에 내려오더니 뭐 도와줄 거 없느냐고 묻더라고요! 우리 딸이 말이에요!"

여러분은 이 이야기에서 무엇을 얻었는가?

"판단하지 마라. 판단하는 자는 절대로 현실을 알 수 없을 테니."
― 오쇼 라즈니쉬

잔은 딸을 판단하느라 자기 안에서 일어나는 일(딸의 태도는 마음에 안 들지만 그래도 딸을 이해하고 싶다는 욕구)과 단절되어 있었다. 그녀는 또한 딸의 내면에서 일어나는 일(반항을 통해서라도 경청과 이해를 받고 싶은 욕구, 판단이나 거부를 당하지 않고 자기가 겪는 현실을 털어놓고 싶은 욕구)과도 단절되어 있었다.

> 관계 속에서 엄연히 일어난 일이
> 받아들여지지도 않고 존중받지도 못한다면
> 그 관계는 힘들고 고통스러운 것이 되어버려.

두 번째 교훈

타인을 경청하는 열쇠는 자기경청이다

잔은 자기 자신에게 귀를 기울이기로 마음먹으면서 비로소 딸에게도 마음과 귀를 열 수 있었다. 물론, 처음에는 자기경청이 쉽지 않았다. 자신의 느낌과 욕구에 귀 기울이는 습관을 들이지 않았기 때문이다. 잔은 우리 프로그램을 수강하면서 자기 속을 깊이 들여다보고 난 후에야 딸에게 무슨 문제가 있는지 물어볼 생각조차 하지 않았음을 뒤늦게 깨달았다. 잔은 한 가지 마음에 짚이는 것이 있었다. 그녀는 어려서부터 자기 기분대로 행동할 줄을 몰랐다. 잔의 집안 식구들은 불평을 하는 법이 없었다.

그래서 잔은 마음을 열고 딸의 괴로움을 받아들일 수 없었던 것이다. 딸의 괴로움을 변덕스러운 불평이라고만 생각했으니까. 하지만 잔은 비폭력대화를 배우면서 차츰 중요한 사실을 확인할 수 있었다.

잘 안 풀리는 부분을 말로 표현하는 걸 꼭 쓸데없는 불평이라고 할 수는 없구나.

세 번째 교훈

**"늘 하던 것을 하면
늘 얻던 것을 얻는다."**

— 파울 바츨라비크

잔의 딸이 저녁 시간에 엄마를 도와주겠다고 자진해 나선 것은 결코 마법이 아니다. 나는 오히려 당연한 귀결, 유체역학과도 같은 법칙의 결과라고 말하고 싶다. 잔은 자기가 준 대로 받은 것이다.

여러분이 이 딸의 입장이라고 생각해보자. 학교에서 있었던 일 때문에 머리끝까지 화가 났다. 거부당했다는 느낌과 외로움 때문에 실의에 빠졌다. 집에 돌아와서 몇 마디 했을 뿐인데 어머니가 불난 집에 기름 뿌리듯 냅다 이렇게 말한다.

말을 그렇게밖에 못 해?
오냐오냐했더니 버릇없이!
네 나이 때가 제일 좋은 거야!
가서 공부나 해!

이러고도 어머니를 돕고 싶은 마음이 들겠는가. 방에 틀어박혀 밥 먹으러 내려오라고 할 때까지 단단히 삐쳐 있는 것도 당연하지….

하지만 집에 돌아와 툴툴거렸는데 어머니가 여러분 얘기를 정말로 들어줄 자세가 되어 있고 호들갑 떨거나 조바심내거나 설불리 문제를 해결하려는 기색 없이 차분히 귀를 기울인다면 여러분의 반응도 달라질 것이다. 여러분이 반항을 했는데도 상대가 다가와주고 받아줬다는 느낌, '적절한 위치에서' 경청되었다는 느낌이 든다. 그 정도만 되어도 훨씬 덜 외롭다. 삶이 다시 살 만하게 느껴진다.

자, 이제 어떻게 하겠는가?

내가 왜 유체역학 운운했는지 이제 알겠는가?

 # 비폭력은 강하다

이 한 가지를 기억하라. **잔은 딸을 변화시키지 않았다.** 아무도 타인을 변화시키고 말고 할 수 없다. 잔은 딸을 대하는 **자신의 방식**을 변화시켰을 뿐이다. 이 변화가 관계를 바꾸어놓고 새롭게 조직한다.

놀랍도록 훌륭하지만 완전히 무시당하고 있는 힘, 바로 **비폭력의 힘**이 여기에 있다. 내가 변하면 상대도 조만간 반드시 변하게 마련이다.

우리에게 일어난 일을 우리가 늘 어떻게 할 수는 없어.

하지만 그 일을 받아들이는 자세는 우리에게 달려 있어요!

다섯 번째 교훈

공감이 변화를 낳는다

당연한 얘기지만 일이 늘 잘 풀리라는 법은 없다. 이런 유의 상황에서 딸은 어머니의 달라진 태도에 무슨 꿍꿍이가 있나 싶어 더 폐쇄적으로 나올 수도 있다. 그런 모녀는 좀 더 시간과 요령과 애정을 기울여야만 서로 편안한 사이가 될 수 있을 것이다. 그래서 우리는 **공감 능력을 기르는 법**을 배워야 한다. 그래야 상대가 내가 원하는 지점으로 오기를 바라지 않고 내가 상대가 있는 자리까지 다가갈 수 있다!

상대가 대화를 원치 않아서 대화가 단절되는 게 아니다.

예전 같으면 심리치료사가 뭘 해주겠느냐고 속으로 비웃었을 거예요! 지금은 정말 감사해요!

제 이야기를 '적절한 자리에서' 경청해주었어요!

 ## 내면성은 시민성이기도 하다

잔이 자기 자신에게 귀 기울이는 법을 배웠다면 딸이 이해받고 싶어 할 때 그런 욕구를 받아줄 자세와 준비도 되어 있었을 것이다.

그래서 하루에 세 번, 3분씩 자기에게 시간을 할애하라는 겁니다. 자기 자신과 친밀한 관계를 갖는 것이 다른 사람들과도 친밀감을 유지하는 비결이죠!

결론

시간, 뿌리 깊은 의지, 함께 있어주기

20여 년간 자기인식과 비폭력대화를 가르치면서 이런 확신을 얻었다. 우리가 **시간과 평화로운 관계**를 맺고자 힘쓰지 않는 한, 우리는 누구와의 인간관계라도 힘들어할 것이다. 나도 당장 해야 할 오만 가지 일에 매여 쉴 새 없이 달렸고 시간과 싸워 이기려고 용을 써봤다. 그 후 몇 년이 걸려서야 시간과 평화롭고 풍요로운 관계를 맺는 법을 배울 수 있었다.

> 시간을 거스르는 질주는
> 숙명이 아니라 안타까운 습관일 뿐이죠.
> 시간과의 평화로운 관계는
> 다른 많은 것들이 그렇듯
> 학습 가능한 것입니다!

내가 우리 딸들에게 "아빠는 이걸 빨리 해야 한단다"라고 하면 딸들은 어김없이 묻곤 했다. "아빠, 왜요? 왜 빨리 해야 해요?"

기억하자. 우리가 추구하는 것, 우리의 목표와 의도, 우리에게 가장 큰 기쁨과 의미를 주는 것은 **관계의 질**이다.

관계(존재)가 먼저이고, 결과(행위)는 나중이다. 이 목표를 시야에서 놓치지 않기만 해도 수많은 어려움을 피할 수 있다. 허다한 일상의 폭력(반복적인 마찰, 과격한 언사 혹은 묵비권 행사, 말하지 않은 것과 잘못 말한 것, 공격성 혹은 도피의 순환 시나리오 등)이 우리가 '의식을 잃어버리고' 우리가 찾는 것, 궁극의 목표, **근본적인 의도**를 망각한 탓에 일어난다!

그래서 나는 이 책의 첫 장을 열었던 말을 다시 한 번 일깨우는 것이 가장 좋은 결론이라고 생각한다. 모든 인간은 자신(자신의 모든 부분)과의 관계, 타자(타자의 모든 부분)와의 관계, 나아가 인생, 우주, 정신, 신 등 여러분이 뭐라고 부르든 상관없는 영적인 차원과의 관계에서 **존재의 깊은 만족**을 누리고 싶어 한다.

이 깊은 만족은 자기애적인 퇴행이 아니며 오히려 그 반대라고 할 수 있다. 이 평화로운 내면 상태는 차차 성장하고 인생의 부침 속에서―내면이 평화롭다고 해서 인생이 늘 평탄하지는 않으며 그러라는 법도 없다―그 본래의 전염성을 통해 호환 가능한 것이 된다.

이제 나는 확신한다. **전염성 있는 내면의 평화를 누리며 사는** 것이야말로 우리 인생의 확실한 길잡이라는 것을.

진실성이 중요하기 때문에, 마지막으로 이 비밀을 전한다.

모든 전통이 우리에게 동일한 경험을 이야기한다. 나는 여러분도 경험해보라고 말하고 싶다. 우리가 자기 자신에게 허울뿐인 '친절'을 집어치울 때, 수시로 이야기를 멈추고 자기 내면을 한 발짝 물러나 바라보면서 자신을 재고하고 진정한 자신을 만날 때, 우리는 혼자가 아니다. 누군가가(혹은 무엇인가가) 다가와 우리 안에 조금씩 자리를 잡는다. 의식, 영혼, 삶, 사랑, 존재, 영감, 신. 그것을 뭐라고 부르든 그건 여러분 마음이다. 이 어떤 것의 존재를 느낄 때 우리는 고취되고 우리의 오래된 사고방식을 해체하며 케케묵은 프로그램을 삭제할 수 있다. 놓아야 할 것을 놓아버릴 수 있고, 깊은 곳에서 솟아나는 약동을 받아들이며, 다시금 경이에 찬 시선으로 자신, 타자, 인생을 바라볼 수 있다.

넬슨 만델라도 그전까지는 상상도 할 수 없었던 정치 및 사회 변화의 원동력을 자기인식을 고양하는 풍요로운 내면의 삶에서 끌어내지 않았던가? 그의 행동은 야만, 분리, 자기중심주의가 어쩔 수 없는 숙명이 아니라 안타까운 습관에 불과하다는 것을 증명한다. 그리고 다른 한편으로 (내면의) 평화를 찾은 시민이 (대외적) 평화를 수립한다는 것도 증명한다. 결과적으로,

여기에 우리의 풍요롭고 강력한 방편, 이른바 '원천Source'이 있다. 맑은 물이 샘솟는 원천을 바로 지척에 두고 목이 말라 죽어가서야 되겠는가!

마지막으로 여러분 자신과의 관계, 인생과의 관계에서 이것만은 잊지 않기를 바란다.

그리고 타자와의 관계에서는,

물론, 여러분의 애정 관계에서도,

무엇보다, 다른 건 다 제쳐놓더라도 이건 머릿속에 담아야 한다.

우리 모두는
생명력을 표현할 기회가 없을 때
위험한 짐승이 됩니다!
힘들고 괴로운데
참기만 하면 안 돼요!
생의 좌절이라는 폭탄이 터지면
폭력이 발생합니다!

덧붙여

욕구와 느낌을 표현하는 말들

욕구

생존
공기
물
안전, 보호
음식
자유로운 움직임(이동), 운동
주거
휴식, 수면

자율성
고독, 차분함, 평안, 자기만의
 시간과 공간

독립성, 자유
자기 힘을 행사할 자유
자기주장
자신의 꿈, 목표, 가치를 선택
 할 자유

(넓은 의미의) 양식
감수성
따뜻함
배려, 관심, 연결
신체적 접촉
애착

이완, 느긋함, 기쁨, 여가
정감
편안함

진실성
가치관과 제자리에 대한 감각
균형
리듬, 통일성 있는 시간
목표, 방향성, 비전
자기가치, 꿈, 비전에 대한 결정권
자기인식
자기존중
자존감
진정성, 성실성

자기구현
배움
생산, 창발, 참여
성장, 발전, 현행화, 계발, 치유
성취와 실현
숙달
창조성
행동

정신적 차원
결단
단순성

명료함
(성찰, 분석, 분별, 연륜을 통한) 이해
의식
일관성, 적절성
자극
정보, 지식
정확성
탐구, 발견

사회적 차원
가까움
경청, 이해, 공감
공유, 교환, 상부상조
관용, 차이를 받아들임, 개방성
받아들임
사랑, 애정
상호의존
소속감
소통
수용
신뢰
안전(신뢰, 의지, 마음을 터놓을 수 있음, 신중함, 안정성, 신의, 지속성, 연속성, 구조, 지표 등)
연결
우정
인정(공명, 화답, 피드백)
접촉

정직, 투명성
존재감
존중, 배려
증여, 봉사, 기여
지지, 지원, 도움, 위안
친밀감
표현
협력
형평성, 정의
호감

영적 차원
기쁨
목적성
사랑
성스러움
신뢰, 내려놓음
아름다움, 미적 감각
영감
조화
존재
질서
침묵
투명성

평온
평화
희망

생을 축하하는 자세
(생의 여러 단계와 측면을 받아들임)
놀이
애도, 상실
영광을 돌리는 자세(감사)
유머
의례화
인생 자체를 치열하게 경험하려는 의욕
정신적 교감
축제
탄생

욕구가 충족될 때의 느낌

감격스러운	사랑하는	포근한
감동받은	산뜻한	푸근한
감미로운	살아 있는	행복한
감사한	상쾌한	홀가분한
개운한	생기가 도는	환희에 찬
고마운	신나는	활기찬
고요한	안심되는	황홀한
기대에 부푼	여유로운	후련한
기력 넘치는	용기 나는	훈훈한
기쁜	원기 왕성한	흐뭇한
기운 나는	유쾌한	흔쾌한
긴장이 풀리는	자신감 있는	흡족한
끌리는	잠잠해진	흥미로운
누그러지는	재미있는	흥분된
느긋한	정겨운	희망찬
담담한	정을 느끼는	
당당한	즐거운	
두근거리는	진정되는	
든든한	짜릿한	
들뜬	차분한	
따뜻한	충만한	
만족스러운	친근한	
매혹된	친밀한	
뭉클한	통쾌한	
반가운	편안한	
벅찬	평온한	
뿌듯한	평화로운	

욕구가 충족되지 않을 때의 느낌

가슴 찢어지는	눈물겨운	불편한
간담이 서늘한	답답한	비참한
갑갑한	당혹스러운	서글픈
거북한	두려운	서러운
걱정되는	뒤숭숭한	서먹한
겁나는	따분한	서운한
격노한	떨떠름한	섬뜩한
겸연쩍은	떨리는	섭섭한
고단한	마음 아픈	성가신
고독한	막막한	속상한
곤혹스러운	맥빠진	숨 막히는
공허한	맥 풀린	슬픈
괴로운	멋쩍은	신경 쓰이는
구슬픈	멍한	심심한
귀찮은	목이 메는	쑥스러운
그리운	무감각한	쓰라린
근심하는	무기력한	쓸쓸한
긴장한	무력한	안절부절못하는
김빠진	무료한	안타까운
까마득한	무서운	암담한
꿀꿀한	무안한	애끓는
끓어오르는	민망한	애석한
낙담한	밥맛 떨어지는	야속한
난처한	부끄러운	약오르는
냉담한	분개한	어색한
노곤한	분한	억울한
놀란	불안한	언짢은

염려되는	지긋지긋한	허전한
오싹한	지루한	허탈한
외로운	지친	허한
우울한	진땀 나는	혐오스러운
욱하는	질린	혼란스러운
울적한	찝찝한	화가 나는
울화가 치미는	참담한	힘든
적적한	창피한	
절망스러운	처연한	
정떨어지는	처참한	
조마조마한	초조한	
조바심 나는	침울한	
좌절한	피곤한	
주눅 든	핏대 서는	
지겨운	한스러운	

해석과 판단이 포함된 느낌

(과잉)보호받는	배려받지 못한	짓눌린
가치가 폄하된	배신당한	짓밟힌
간과되는	버려진	쫓겨난
갇힌	보잘것없는	착각에 빠진
거부당한	부적절한	착취당한
경청되지 않는	부정당하는	추행당한
고립된	뿌리 뽑힌	축소된
고발당한	사랑받지 못하는	침범당한
공격당한	속은	투명인간 같은
굴욕적인	신뢰받지 못하는	판단을 받는
궁지에 몰린	실추된	패배한
기만당한	쓸모없는	하찮게 보이는
내쳐진	아이 취급 받는	함정에 빠진
농락당한	압력받는	협박당한
더럽혀진	어리석은	혹사당한
도둑질당한	어울리지 않는	
동떨어진	웃음거리가 된	
뒷전인	원하지 않은	
따돌림당하는	위협받은	
멸시당하는	이용당한	
모욕당한	이해받지 못한	
무가치한	자격 없는	
무시당한	조종당하는	
미움받는	죄스러운	
바보 같은	중상을 당한	
받아들여지지 못하는	중요하지 않은	
	지배당하는	

글 / 토마 당상부르 Thomas d'Ansembourg

여전히 우리 안에 숨어 있는 변화의 역량이 경이롭다고 말하는 심리치료사이자 비폭력대화 전문가. 브뤼셀에서 변호사로 일하다 마셜 로젠버그의 비폭력대화를 접하고 사람들의 갈등 해결을 돕고자 지금의 직업을 택했다. 자기를 더 잘 알고 내면의 평화를 찾는 방법으로 심리치료를 전파하고 비폭력대화를 가르친다. 20년 넘게 유럽, 퀘벡, 모로코 등지에서 각종 강연회와 교육 프로그램을 이끌고 있다. 사람들이 자기 생의 약동을 따라 살면서 각자의 재능으로 공동체에 유익을 끼칠 수 있기를 희망한다.

그림 / 알렉시 누아이아 Alexis Nouailhat

화가, 일러스트 작가, 여행가. 수채화로 여행기를 출간한 바 있다. 강연회에서 토마 당상부르를 만나 자신의 일을 소개하고 토마의 강연을 일러스트로 그려보겠다고 제안했다. 이 책에 실린 그의 그림은 우리 내면에 관한 심도 있는 메시지를 특유의 유머러스함과 단순함으로 묘사하며 독특한 매력을 선사한다.

옮김 / 이세진

서강대학교 철학과를 졸업하고 동 대학원에서 불문학 석사학위를 받았다. 현재 전문번역가로 활동하고 있다. 《아직도 책을 읽는 멸종 직전의 지구인을 위한 단 한 권의 책》《나는 생각이 너무 많아》《나는 왜 네가 힘들까》《도덕적 인간은 왜 나쁜 사회를 만드는가》《관계의 조각들》《설국열차》 등 다수의 책을 번역했다.

친절은 넣어둬, 마음은 다를 테니까

초판 1쇄 펴낸날 2018년 6월 8일

글쓴이.　토마 당상부르
그린이.　알렉시 누아이아
옮긴이.　이세진

펴낸이.　김민정
펴낸곳.　두시의나무
　　　　경기도 부천시
　　　　계남로 295번나길 23-8 502호
등록.　　제2017-000070호
전화.　　032-674-7228
팩스.　　070-7966-3288
전자우편. dusinamu@gmail.com　　　디자인. 섬세한 곰

ISBN　979-11-962812-1-2　　　03180

이 도서의 국립중앙도서관 출판시도서목록(CIP)은
서지정보유통지원시스템 홈페이지(seoji.nl.go.kr)와
국가자료공동목록시스템(www.nl.go.kr/kolisnet)에서
이용하실 수 있습니다.(CIP제어번호: CIP2018015368)